Les Quatre Couleurs de Personnalités

et leur Langage Secret adapté au Marketing de Réseau

TOM « BIG AL » SCHREITER

Les Quatre Couleurs de Personnalités

Fortune Network Publishing

Pour information, contacter :

Fortune Network Publishing
P.O. Box 890084
Houston, TX 77289 USA

Téléphone : +1 (281) 280-9800

ISBN-10: 1-948197-10-3
ISBN-13: 978-1-948197-10-6

CONTENTS

BIG AL WORKSHOPS

Ce livre est dédié aux gens de marketing
de réseau de partout.

Je voyage de par le monde plus de 240 jours chaque année.
Laissez-moi savoir si vous souhaitez que tienne une
formation (Big Al Training) dans votre secteur.

→ **BigAlSeminars.com** ←

Tous les livres de
Tom « Big Al » Schreiter
sont disponibles à :

BigAlBooks.com/french

PRÉFACE

Plusieurs réseauteurs m'ont demandé une description simple des quatre typologies de personnalités. L'idée fut amenée pour la première fois par Hippocrate environ 400 ans avant Jésus Christ et, au cours du siècle dernier, plusieurs psychologues et conférenciers ont beaucoup étudié et élaboré sur ce sujet à partir des ouvrages des siècles précédents.

Malheureusement, la plus grande partie de ces théories modernes sont trop approfondies et détaillées et deviennent vite plutôt ennuyantes. De plus, la majorité des entrepreneurs en marketing relationnel n'y trouverait rien de pratico-pratique et utilisable sur le terrain. Par exemple, certains systèmes analysent les gens en les soumettant à un questionnaire de plus de 25 questions. Cette méthode s'avère sans doute plus précise que la simple observation, mais il serait difficile de soumettre chaque prospect à un test de plus de 25 questions avant de leur adresser la parole.

Ce livre est conçu pour vous aider à :

1. Identifier rapidement le type de personnalité de vos prospects.

2. Connaître les mots exacts à utiliser avec ces prospects dans leur langage secret afin que votre message soit reçu plus facilement et plus amicalement.

Maintenant, si vous êtes fervent de micro détails, ce livre n'est pas pour vous. Une multitude de psychologues et de gourous adorent les théories sur les typologies, et d'innombrables livres et encyclopédies ont été rédigés sur le sujet.

Pour les réseauteurs qui désirent obtenir un meilleur lien ou connexion avec les prospects, le contenu de ce guide vous apprendra non seulement comment leur parler plus efficacement, mais aussi quels mots éviter lorsque vous leur adressez la parole afin de ne pas saboter votre message.

—Tom « Big Al » Schreiter

QUATRE CHOSES QUE VOUS DEVRIEZ SAVOIR SUR CE LIVRE.

#1. Mise en garde du Psychologue.

Si vous êtes psychologue, vous détesterez probablement ce livre car il ne sera pas en complète harmonie avec les préceptes d'Hippocrate et de certains grands psychologues du 20ième siècle. Mais sachez que nous ne tentons pas de psychanalyser les prospects. Notre objectif n'est pas de les coucher sur un divan pour les soulager ou les guider. Tout ce que nous souhaitons faire est d'emprunter quelques éléments des théories de la personnalité afin de pouvoir s'adresser à nos prospects dans un langage qu'ils comprennent.

Aux puristes qui liront ce guide, sachez que nous ne contredisons pas les siècles d'études sur les personnalités. Nous n'utilisons que quelques bribes afin de parler aux prospects pour qu'ils puissent nous comprendre. Aucun emploi de psychologue ne sera mis en péril par le contenu de ce livre.

#2. Oubliez les systèmes rigides que vous auriez pu apprendre auparavant.

Si vous avez étudié le profilage des personnalités auparavant, vous connaissez probablement les tempéraments : flegmatique, sanguin, cholérique et mélancolique. Euh… Ce sont des mots plutôt difficiles à mémoriser. Alors oubliez ce que vous avez appris dans le passé durant la lecture de ce livre. Asseyez-vous confortablement, détendez-vous et appréciez.

Ce livre est un raccourci **simple-à-apprendre** qui nous permet de savoir instantanément quoi dire et exactement quoi faire lorsque nous rencontrons un prospect. Sonder les sentiments d'un prospect n'est ni simple ni pratique, et lui faire remplir un questionnaire pour analyser ses réponses non plus… surtout s'il vous faut faire tout ça avant de faire votre première approche. Tout ce dont nous avons besoin, ce sont de quelques éléments pour nous guider afin de pouvoir s'adresser à notre prospect dans un langage avec lequel il est familier.

Voyez ça comme une version « allégée » de tous ces volumes de recherche.

#3. Ne le prenez pas personnellement.

Je vais bientôt décrire les types de personnalités et il est naturel que vous vous reconnaissiez dans l'une ou l'autre. Toutes les personnalités comportent de **bons** et de **mauvais cotés**.

Lorsque je décris les mauvais cotés de chaque personnalité, ne soyez pas offusqués, ça n'a rien de personnel. Je ne voudrais pas que vous me rouliez dessus avec votre voiture si vous me croisez un jour dans un stationnement.

Alors durant les quelques chapitres qui suivent, détendez-vous. Ne faites que prétendre que tous les mauvais cotés de votre typologie (personnalité) ne s'appliquent qu'aux autres.

#4. Je vais utiliser plusieurs exagérations.

Ce ne sont pas tous les prospects qui afficheront les traits de caractère exagérés que je m'apprête à décrire. Cependant, je vais les amplifier afin qu'ils soient plus faciles à visualiser et à **mémoriser**.

Tout ce que nous voulons, c'est une méthode facile à mémoriser pour reconnaître les prospects et deviner, en claquant des doigts, comment leur parler dans leur propre mode de langage et de pensée.

Je vais donc utiliser une multitude d'exagérations dans ce document et, quelques mauvaises blagues. Prenez le tout avec un grain de sel. Ça nous permettra simplement de graver en mémoire, presque sans effort, les différences entre les quatre types de personnalités.

ÇA VOUS SEMBLE FAMILIER ?

Une de ces situations s'est-elle déjà présentée en vous adressant à un prospect ?

1. Le prospect avait désespérément besoin de votre produit. (Et vous lui présentiez par hasard votre produit idéal au parfait moment.)

2. Le prospect avait désespérément besoin de votre opportunité d'affaire. (Et vous lui présentiez par hasard votre opportunité idéale au parfait moment.)

Puis, à la fin de votre présentation, votre prospect dit : « Non ».

Que s'est-il passé ? Qu'est-ce qui a foiré ?

Ça ne vous semble pas étrange ?

Ce mystère vous coûte beaucoup de temps et d'argent… Alors à quel moment souhaiteriez-vous élucider ce mystère ?

Et pourquoi pas maintenant ?

Récapitulons.

Le prospect devant vous a besoin de votre produit et votre opportunité… vous lui offrez votre produit et votre opportunité sur un plateau d'argent… et il dit : « Non ». L'explication la plus plausible est que :

Vos prospects ne vous comprennent pas !

Lorsque vous vous êtes adressé à eux, c'était comme si vous parliez une langue étrangère… et ils n'ont pas interprété votre message de la façon que vous souhaitiez.

Laissez-moi vous donner un exemple :

1. Vous avez un super produit ou service.

2. Vous jouissez d'une lignée de support du tonnerre.

3. Le fondateur de la compagnie « marche sur l'eau » (lorsqu'elle est gelée.)

4. Votre compagnie offre un programme de formation sensationnel.

5. Votre plan de rémunération est excessivement généreux.

6. Votre compagnie offre des primes de voyage et des voitures.

Tout ceci n'a aucune d'importance ; c'est sans intérêt.

Pardon ?

Oui, tous ces avantages n'ont aucune importance.

Besoin d'une preuve ?

Pour le prouver, prenez votre trousse de distributeur et votre jolie présentation PowerPoint et envolez-vous vers la petite ville de votre choix au Portugal. Fait à noter, vous ne parlez pas un mot de portugais… et personne n'y comprends votre langue non plus.

Maintenant, commencez à faire des présentations.

- Le fait d'avoir une équipe de support dédiée aura de l'importance ?
- Le fait que votre compagnie offre une prime automobile aura de l'impact ?
- Le fait que votre compagnie donne 3% de plus sur le niveau 3 changera la donne ?
- Et même si votre fondateur marche sur l'eau… (lorsque gelée)
- Et le fait d'avoir en mains un rapport de 74 pages de l'Université de Caroline du Nord confirmant à quel point votre produit s'est avéré fantastique dans le cadre d'une étude double-aveugle fera une différence ?
- Est-que le fait que vos scientifiques surclassent leurs scientifiques sera un élément déterminant ?

Tout à coup, tout ce à quoi vous accordiez de l'importance n'en a plus… vous saisissez ?

Votre attitude, votre motivation, votre produit, vos recherches, votre service – rien de tout ça ne pourra vous aider à développer votre entreprise avant d'avoir d'abord acquis :

La compétence de parler portugais.

Jusqu'au jour où vous pourrez parler le langage de votre prospect – dans ce cas le portugais – rien de toutes ces choses que vous considérez importantes à propos de votre entreprise n'auront de signification pour nos prospects.

Si vous pouvez parler le langage de votre prospect, tout devient beaucoup plus simple. Votre prospect pourra **voir ce que vous voyez** rapidement, et vous pourrez converser agréablement comme avec un ami qui vous comprend.

Que se passera-t-il lorsque vous parlerez le langage de vos prospects ?

- Votre message atteindra rapidement leurs cœurs et leurs esprits.

- En quelques phrases seulement, vous saurez qu'ils seront présents à votre soirée d'opportunité d'affaire.

- En quelques mots, plusieurs de vos prospects voudront se joindre à votre équipe, avant même d'avoir entendu le nom de votre compagnie.

Et la bonne nouvelle est...

Les langages secrets sont faciles à apprendre. Vous n'aurez à apprendre que quelques mots dans chacun des quatre langages. Ce sera la portion facile.

Lorsque vous utilisez les mots justes, vous vous sentirez comme un frère ou une sœur de sang, intimement lié à votre prospect, marchant main dans la main vers une vision commune… c'est une sensation fantastique.

Et la mauvaise nouvelle est...

Apprendre le langage secret n'est qu'une partie du travail. La réelle compétence est de cerner quel langage secret le prospect comprend.

En effet, vous devrez rapidement déterminer **lequel** des quatre langages secrets votre prospect comprend, langage associé aux quatre couleurs de personnalités. C'est cette compétence qui donnera des ailes à votre carrière.

Ce sera facile à effectuer. Une fois que vous aurez parcouru les exemples dans ce livre, vous saurez rapidement lequel des langages utiliser dans la plupart des situations face à un ou l'autre des couleurs de prospects.

LA PERSONNALITÉ « JAUNE ».

Une seule chose à faire, un seul mot à retenir. Ce mot, à lui seul, décrit la personnalité jaune.

Quel est ce mot ?

« Aider. »

C'est tout. Les personnalités jaunes feront davantage pour les autres que pour eux-mêmes. On pourrait associer cette caractéristique à la mère dévouée… n'est-ce pas ?

Ces personnes sont des aidants professionnels. Ils vivent dans l'espoir de pouvoir aider. C'est une action qui les fait se sentir bien.

Quand un voisin est malade, qui donc se rend chez lui pour apporter de la nourriture ? Qui lui prodigue des soins jusqu'au rétablissement ? Qui l'emmène chez le médecin ?

Une personnalité jaune.

J'ai une image en tête qui illustre bien la personnalité jaune. Je vois une grand-maman de 50 ans, avec une longue robe hippie, des fleurs dans les cheveux, servant des biscuits à ses petits enfants, en chantant « Kumbaya » et d'autres chansons folkloriques.

J'exagère ? Bien entendu, mais si vous pouvez vous rappeler cette image, vous n'aurez plus jamais à mémoriser les particularités de la personnalité jaune.

Vous retrouverez plusieurs personnalités jaunes occupant les postes de :

- Massothérapeutes
- Professeurs de maternelle
- Organisateurs de levées de fond
- Personnel infirmier
- Travailleurs sociaux
- Bénévoles dans des fondations
- Pasteurs
- Conseillers en tout genre
- Représentants au service à la clientèle
- Aidants naturels et préposés au bénéficières

Pourquoi ? Parce qu'ils choisissent les carrières qui permettent d'aider les autres.

Les personnalités jaunes sont les champions de l'accolade. Ils adorent le contact physique. Je parie que vous avez une tante ou un cousin qui, à la rencontre d'un étranger, se précipite pour lui faire une accolade chaleureuse. Et l'inconnu de ressentir : « Oh, je me sens comme si l'on se connaissait depuis toujours. Allez, prends mon portefeuille si tu veux mon ami. »

Lorsque l'on construit une nouvelle route à travers la forêt, ce sont les jaunes qui s'accrochent aux arbres en disant : « Je vous en prie, ne tuez pas ces arbres. »

Tout le monde aime les personnalités jaunes. Et tout le monde leur fait confiance aussi.

Il est très facile de confirmer que vous avez rencontré une personnalité jaune. Non seulement elle vous a offert une grosse accolade, mais le jour suivant, vous recevrez une carte de remerciement par la poste. Sur cette carte, vous pouvez lire : « Merci d'être mon ami. » Et lorsqu'elle a signé la carte, la personnalité jaune a-t-elle utilisé un petit point sur le « i » ?

Non. Il y avait un petit cœur sur le « i » et des autocollants de bonhomme sourire partout sur la carte. C'est la personnalité jaune.

Maintenant, puisque les personnalités jaunes sont constamment en quête « d'aider les gens », ils ne sont pas intéressés par le système de rémunération, les voyages outremer pour les « top leader », ou les rapports scientifiques sur vos produits brevetés.

Ils sont plutôt intéressés à savoir comment votre produit ou service peut aider les gens. Si votre compagnie de marketing de réseau coupe les revenus du plan de rémunération de 50%, les personnalités jaunes diront : « Oh, c'est merveilleux. Nos chèques de commission seront coupés de moitié et l'argent disponible sera probablement investi pour aider des gens ou un refuge pour animaux quelque part. »

Les personnalités jaunes sont à l'aise avec ce scénario. Leur intérêt envers l'entreprise se limite à son potentiel d'aider des gens.

Ils veulent savoir comment votre produit aide à réduire la douleur pour les gens qui souffrent, comment votre produit permet d'épargner de l'argent afin que les jeunes mamans disposent de plus d'argent pour nourrir bébé, et comment votre soin de peau peut aider un adolescent timide et boutonneux à retrouver sa confiance en soi.

Ils sont si heureux de pouvoir aider les gens.

Les personnalités jaunes font d'excellents leaders en marketing de réseau. Les gens sont naturellement attirés par leur intégrité, leur honnêteté, leur désir d'aider et leur esprit missionnaire. Une fois qu'ils sont convaincus de quelque chose, ils se sentent investis d'une mission, ce qui leur permet d'outrepasser la peur du rejet, et de s'auto-motiver pour la cause.

Vous rencontrez sporadiquement des personnalités jaunes prendre la parole devant un groupe de réseauteurs et ils ne sont pas du type à donner des ordres ou à dire aux autres quoi faire.

Ils préfèrent habituellement se tenir à l'arrière de la salle car ils préfèrent le travail en coulisse plutôt que le micro. Ils s'occupent de l'accueil, l'enregistrement des participants, ajoutent des chaises, fournissent des rafraîchissements, et s'assurent que la température de la pièce est adéquate pour le confort des invités.

Ça ne veut pas pour autant dire qu'ils ne sont pas de bons leaders. Ils utilisent tout simplement une forme différente de leadership.

Vous vous souvenez de Mère Térésa ? Et de Mahatma Ghandi ?

Ils étaient tous deux des personnes extraordinaires qui ont inspiré par l'exemple. Ils n'ont pas imposé leur philosophie au monde, ils ont simplement vécu une vie de dévotion et les gens les ont suivis.

Tout le monde aime les personnalités jaunes. Elles sont amicales, dévouées et agréables à côtoyer.

Les personnalités jaunes sont faciles à remarquer. Elles sont habillées sobrement. Elles sont plus à l'aise en sandales et en vêtements de tous les jours. Elles ne tentent en aucune façon d'impressionner les gens ou encore, d'afficher leur supériorité par rapport à quelqu'un d'autre.

Voix douce, polie et débit modéré, elles suivent le rythme de la vie et sont plutôt caméléon.

Les jaunes sont presque incapables de dire « Non », peu importe la demande. Ils préfèrent dire « Oui » que d'avoir à expliquer pourquoi ils aimeraient dire « Non ».

Ne soyez pas insistants avec les personnalités jaunes. Le fait qu'ils parlent d'une voix toute douce ne signifie pas que vous pouvez les forcer à faire tout ce que vous voulez. Ils souhaitent être utiles et aider, mais ils n'aiment pas être dirigés.

Tous les personnages de bandes dessinées peuvent être jaunes.

Vous vous souvenez de Cendrillon ? Gentille, agréable et toujours prête à aider les gens… C'est un excellent exemple de personnalité jaune.

La fée des dents et la marraine fée sont aussi des personnalités jaunes.

La plupart des princesses de Disney sont aussi jaunes.

Vous vous souvenez de la bande dessinée de Charlie Brown… le personnage Peanuts ? Il cherchait constamment à aider les gens autour de lui. Son amie Lucie en contrepartie était **très loin** d'être une personnalité jaune.

Marge Simpson, la femme d'Homer Simpson, est aussi une personnalité jaune très caractéristique. Elle gère tous les drames et les erreurs de sa petite famille avec enthousiasme et souhaite le bonheur de tout le monde.

Le voisin d'Homer Simpson, Ned, est aussi de type jaune. Toujours jovial, il aime aider son prochain et faire plaisir.

Homer Simpson ? Je confirme d'emblée qu'il n'est **pas** de personnalité jaune.

Casper le petit fantôme est un jaune. Dans la bande dessinée, tout ce que désirait Casper, c'était de se faire des amis. Les jaunes constituent les meilleurs amis.

Oh, et vous vous souvenez de Big Bird de la série télévisée Sesame Street ? Il était une personnalité jaune plus grande que nature, et possédait un plumage jaune lumineux !

Finalement, il y a Elmo. Ce personnage attachant et adoré de tous, aussi de la série Sesame Street. Personne ne détestait Elmo. (Même si la rumeur voulait que son partenaire de casting, Oscar « le bougon » entretenait une jalousie maladive envers la popularité d'Elmo.

Le comportement des jaunes.

Ils sont décontractés, sereins, détestent dire « Non » à une demande et, ont tendance à parler plus doucement et plus lentement.

Puisqu'ils souhaitent éviter de décevoir les gens, ils sourient, s'écartent des conflits et, sont d'un commerce agréable.

Souvenez-vous toujours que leur motivation première est **d'aider** les gens.

Voyons si vous pouvez prévoir le comportement d'un jaune dans l'exemple qui suit :

Imaginez une personnalité jaune qui entre dans une immense salle de banquet. Il y a de grandes tables rondes, certaines avec des gens souriants qui s'amusent et, une table où une personne au regard triste est assise toute seule.

À quelle table la personnalité jaune choisira-t-elle de s'asseoir ?

La table avec la personne seule, bien entendu. La personnalité jaune mettra son bras autour de ses épaules en dira : « Tu as besoin d'un ami ».

Les jaunes sont toujours les premiers à offrir de l'aide, à s'afficher comme volontaire, et s'assurer que tout le monde est heureux.

Avez-vous déjà vécu ceci ?

Vous êtes assis avec un ami, celui-ci vous apporte du café chaud et des biscuits, vous offre un massage de cou parce que vous semblez tendu, et s'informe de la santé de vos proches.

Bien vu, vous êtes en présence d'une personnalité jaune.

Sentiments ?

Nous pouvons affirmer que les jaunes possèdent des sentiments axés davantage sur les relations. Tout en travaillant sur leur entreprise dans sa globalité, ils mettront les bouchées doubles pour s'assurer que tout le monde travaille main dans la main afin de faire avancer les choses.

Ce qui contraste avec d'autres couleurs de personnalités qui mesurent plutôt la productivité en établissant des buts et des normes à atteindre.

Les jaunes sont fantastiques en matière de relations interpersonnelles.

Alors quel est l'envers de la médaille de la personnalité jaune ?

Certaines personnes diront des jaunes qu'ils sont indécis, ternes, effacés et, qu'ils n'arrivent pas à prendre des décisions. Peut-être pourrions-nous interpréter leur tempérament d'une autre façon…

Les personnalités jaunes n'aiment pas imposer leurs opinions aux autres. Ils souhaitent que la personne prenne elle-même sa décision et, ils vont supporter cette décision si elle leur semble raisonnable.

Exemple. Vous regroupez 12 personnalités jaunes dans la salle de conférence. Une d'elles lance tout bonnement : « C'est l'heure de manger. »

La prochaine de dire : « Où devrions-nous manger ? »

La suivante de poursuivre : « Je mangerai où il vous plaira. »

Et une autre : « Je me plierai au choix de la majorité. »

Et une autre : « Nous devrions former un comité, mais nous ne sommes pas autorisés à former un comité. »

Les 12 personnalités jaunes vont probablement mourir de faim avant d'avoir pris leur décision !

Est-ce que les jaunes font de bons leaders ?

Absolument.

Ils font la joie de leur ligne de support. Pourquoi ?

Les personnalités jaunes n'aiment pas se plaindre. Lorsque des problèmes se présentent, les jaunes ne sont pas portés à se plaindre et se gémir face aux problèmes. Tout ce qu'ils veulent, c'est d'aider les gens.

Donc aucune plainte n'est transférée à la ligne de parrainage. Les jaunes se font une joie et un devoir de s'occuper de leurs problèmes et, ceux de leur équipe. C'est une de leurs compétences naturelle. Et puisqu'ils sont patients et compréhensifs, les gens ressentent leur empathie et adorent travailler avec eux.

De plus, jamais l'égo de la personnalité jaune n'interfèrera dans leurs relations avec son équipe. Et qui dit « égo contrôlé » dit : moins de conflits et moins de stress. Les jaunes sont tout simplement gentils.

Les jaunes ont aussi une excellente capacité d'écoute. C'est un talent instinctif puisqu'ils se soucient des gens.

Les jaunes sont fiables et 'Oh' combien patients. Ce qui fait d'eux d'excellents coéquipiers puisque tout le monde sait qu'ils peuvent compter sur eux.

Alors comment dois-je parler aux jaunes ?

Le seul mot à retenir est :

« Aider. »

Voilà ! Vous êtes maintenant formé pour parler aux jaunes. Facile n'est-ce pas ?

Si rien ne vous vient à l'esprit, vous n'avez qu'à insérer le verbe « aider » dans la conversation et vous communiquerez beaucoup plus efficacement avec les jaunes.

Lorsque vous parlez aux jaunes, vous devriez mettre l'emphase sur ces points dans votre présentation :

- Comment votre opportunité d'affaire **aide** les jeunes mamans à rester à la maison avec leurs bébés.

- Comment votre compagnie contribue à **aider** des gens dans le besoin par le biais de leur fondation.

- Comment le fait de travailler à la maison permet plus de temps en famille et construit des **relations plus solides**.

- Comment les produits de nutrition **aident** les gens à sauver leur foie des méchants produits pharmaceutiques.

- Comment vos produits **aident** les grand-mamans en leur fournissant l'énergie nécessaire pour amener leurs petits enfants au zoo.

- Comment vos produits de soins de peau **aident** les adolescents à se débarrasser de leur acné pour avoir une meilleure image d'eux-mêmes, reprendre leurs cours au lycée, se lancer dans des études universitaires et devenir médecins afin de sauver les enfants du tiers-monde.

Ce qui a moins d'importance pour les jaunes.

Comme le font les gens bien éduqués, nous devrions nous limiter à parler des sujets qui intéressent la personne à qui l'on adresse. Alors pour ce qui est des jaunes, on ne passera pas beaucoup de temps à parler… :

- Des détails du plan de rémunération.

- Du voyage aux frais de la compagnie pour les meilleurs recruteurs.

- De gros chèques de commission.

- Des ventes de la compagnie et de la courbe de croissance.

C'est plutôt simple non ? Alors pourquoi ne nous ont-ils pas enseigné ça au lycée ? Nous aurions été tellement plus polis et efficaces pour s'adresser aux jaunes…

Aider, aider, et aider davantage.

Lorsque j'anime un atelier, je demande à toutes les personnalités jaunes de lever la main et, je dis alors aux participants :

« Observez toutes ces personnalités jaunes qui lèvent la main. Tout le monde aime ces gens. Ce sont les personnes les plus aimables et serviables sur la planète. Alors durant la prochaine pause, allez les rencontrer et demandez-leur de vous prêter 1000$. »

Tout le monde rit et tout le monde saisit encore mieux la personnalité jaune.

Situation où vous appréciez vraiment que l'autre soit jaune.

Alors que vous marchez vers votre voiture dans un stationnement, un étranger surgit de nulle part et crie : « Les mains en l'air ! Donne-moi tout ton argent ! »

Vous répondez : « Mais je n'ai pas d'argent. Je viens de dépenser tout ce qu'il restait de mon chèque de paie. »

L'agresseur répond : « Oh, quel dommage. Est-ce que je peux te prêter quelques dollars pour que tu puisses survivre cette semaine ? »

Vous comprendrez que la plupart des criminels ne sont pas de couleur jaune. Avec un cœur aussi doux et aimant, difficile pour un jaune d'agresser les gens.

Autre situation. En conduisant vers la maison, vous êtes distrait par le trafic et vous emboutissez la voiture devant vous. Accident majeur. Le propriétaire du véhicule que vous avez endommagé sort lentement, chancelant, et dit : « Oh, est-ce que j'ai reculé sur votre voiture ? Êtes-vous blessé ? Laissez-moi vous faire un câlin ! »

Les personnalités jaunes ne veulent en aucun cas que vous souffriez de culpabilité.

Que puis-je rapidement reconnaître une personnalité jaune ?

Premièrement, trouvez une personnalité jaune et, en discutant, portez attention aux mots clé qu'elle utilise fréquemment à l'intérieur de votre conversation… Des mots tels que :

- Aider
- Contribuer
- Assister
- Ressentir
- Nourrir
- Réconforter
- Soigner
- Partager

Etc.

En apprivoisant et en déchiffrant leur vocabulaire naturel, les mots qu'ils utilisent pour décrire les choses, nous pouvons rapidement déterminer la couleur de leur personnalité, même au téléphone.

Deuxièmement, faites une liste de toutes les personnalités jaunes que vous connaissez. Cette personne au travail, votre tante, le pasteur, le bénévole… Que cette liste soit aussi longue que possible.

En observant les gens sur votre liste « jaune », vous comprendrez ce que disent les jaunes, ce qu'ils font, et, vous reconnaitrez aisément par la suite le prochain étranger de couleur jaune que vous croiserez… surtout s'il vous donne un biscuit.

Comment inviter une personnalité jaune à une réunion d'affaire.

Voici une **caricature** de la façon dont vous pourriez vous lancer une invitation d'affaire à un jaune dans son propre langage.

Votre seul objectif est de les informer que vous souhaitez qu'ils assistent à votre réunion d'affaire, mais vous le faites en articulant votre demande dans un langage qu'ils comprennent. Voici votre invitation :

« J'ai une faveur à te demander. Nous avons une rencontre d'affaire demain soir, tu pourrais venir s'il-te-plait ? Nous avons besoin de ton **aide**. »

« Nous offrons de produits pour la peau qui **aident** les femmes à rajeunir leur apparence, se sentir mieux avec elles-mêmes et, à vivre des vies plus heureuses et épanouies. Nous avons aussi des produits de nutrition qui **aident** les jeunes mamans en leur donnant davantage d'énergie afin qu'elles puissent équilibrer vie de famille, carrière et vie personnelle. »

« Puis nous permettons aux jeunes mamans de travailler de la maison pour leur permettre d'être avec leurs enfants plutôt que de les entreposer à la garderie et payer de grosses sommes à des étranger qui voient grandir leur enfants à leur place. Songe seulement à toute la pollution que nous évitons en aidant les gens à travailler de la maison. »

« Et il ne me manque qu'un seul invité à la rencontre pour que je puisse recevoir le « ruban du bonheur ». Pourrais-tu s'il-te-plait venir avec moi et être cet invité ? »

« Oh, et tu pourrais aussi apporter quelques rafraîchissements pour tout le monde ? »

Oui, votre prospect jaune sera au rendez-vous.

Les approches caricaturales que vous venez de lire sont de la musique aux oreilles d'une personnalité jaune ; elle sera au rendez-vous. Avec ces mots, elle partagera votre vision, c'est-à-dire, que cette rencontre lui permettra de faire encore plus de bien dans la société.

Souvenez-vous, la **compétence** est de repérer rapidement si vous vous adressez à une personnalité jaune.

Les mots que nous utilisons lorsqu'on s'adresse aux personnalités jaunes sont simples. Et en ajoutant quelques uns de ces mots simples (aider, se soucier, soigner, etc.), nous communiquons avec les jaunes dans un langage qu'ils comprennent.

Mise en garde, vous n'avez pas à changer qui vous êtes. Vous n'avez pas à changer la couleur de votre personnalité.

Tout ce que vous devez faire c'est de teinter votre conversation ou votre invitation avec des mots de la couleur de votre prospect.

Oh… je sens que je vais vomir !

Si les exemples d'invitations précédentes en mode « jaune » ne vous plaisent pas, vous rendent malade et que vous en perdez votre latin ; restez Zen.

Cela signifie tout simplement que vous n'êtes pas une personnalité jaune. Vous voyez le monde différemment à travers le regard d'une des trois autres couleurs de personnalités.

Jetons un coup d'œil à la prochaine couleur dès maintenant.

LA PERSONNALITÉ « BLEUE ».

La seconde personnalité est très simple. Je peux décrire les bleus avec un seul mot :

« Party ! »

- Les bleus adorent faire la fête.

- Les bleus adorent avoir du plaisir.

- Les bleus adorent l'aventure.

- Les bleus adorent essayer de nouvelles choses.

- Les bleus adorent voyager.

- Et le plus important, les bleus adorent rencontrer de nouvelles personnes.

Est-ce un trait de personnalité important en marketing relationnel ?

Oui !

Les bleus ont été conçus pour le marketing relationnel parce que pour les bleus, le mot « étranger » n'existe pas, sauf dans le dictionnaire. Tous les gens qu'ils rencontrent deviennent des amis instantanés. Ils démarrent une conversation comment ils clignent des yeux !

Vous connaissez déjà la personnalité bleue car vous la côtoyez au quotidien.

Lorsque vous entrez dans l'ascenseur et qu'une personnalité bleue se joint à vous, elle se met à vous raconter sa vie. Qu'ont-ils fait en famille la veille, qui ont-ils rencontré, ce qu'ils feront aujourd'hui... et tout ça avant même que vous ayez pu placer un seul mot !

Les personnalités bleues sont les plus faciles à reconnaître de toutes les typologies... parce qu'elles **parlent** tout le temps. Dès leur réveil, jusqu'au dîner puis, jusqu'au souper et bien sûr toute la soirée... et la plupart du temps même dans leur sommeil. Les bleus parlent, parlent et parlent encore. S'il y a un trou dans la conversation, ils le comblent avec des mots, juste pour le plaisir de parler.

Si vous avez un leader bleu dans votre équipe, il amènera sans doute beaucoup de nouvelles personnes dans votre entreprise, beaucoup de gens aux réunions et beaucoup de gens à la convention annuelle... oui, les bleus sont des promoteurs nés !

Si un bleu va au cinéma, il vous appellera dès qu'il en sort pour vous dire : « C'était un film fantastique. Tu dois absolument voir ce film. Laisse-moi te parler des meilleurs moments du film... »

Et ce sera sans doute le meilleur film que le bleu aura vu... jusqu'au prochain film !

Les bleus sont nés pour promotionner. Le marketing relationnel est un terrain de jeu pour les bleus.

Mais si la personnalité bleue parle tout le temps, quel est l'envers de la médaille ?

Ils **n'écoutent** jamais. Mais attention, le fait qu'ils ne vous écoutent pas n'indique pas qu'ils se foutent de vous.

Ce qui se passe, en réalité, c'est que les bleus réfléchissent à 200 miles à l'heure, dans 200 directions différentes et tout ça, simultanément. Les autres personnalités réfléchissent trop lentement pour eux, voilà tout.

Ils terminent donc nos phrases et nos paragraphes, ils ne prennent même pas le temps de ralentir pour nous écouter, ils continuent à jacasser.

Dans mes ateliers, je demande aux participants : « Est-ce que les personnalités bleus peuvent lever la main ? »

Et personne ne lève la main. Pourquoi ?

Parce que les bleus n'écoutaient pas. :)

J'ai un ami qui se nomme Michael. Il est bleu. Lorsque Michael et moi sortons pour recruter ensembles, je conduis et Michael parle. Il répond même à ses propres questions.

Mais qu'arrive-t-il lorsque Michael conduit ? Lorsqu'il conduit, c'est encore lui qui monopolise la conversation et, il considère le code de la route comme étant optionnel. Les bleus adorent l'aventure.

Lorsque Michael m'appelle à la maison, je décroche et je réponds : « Hello ! »… je place ensuite le combiné sur la table, je me rends à la cuisine pour me faire un sandwich, je regarde un peu de télévision et je reviens 30 minutes plus tard… il parle toujours.

Voici une journée typique dans la vie de Michael. Il décroche le téléphone autour de 9 heures le matin. Il fait des appels conférence, des formations, des approches, et du coaching puis du mentorat et il parle et parle et parle encore jusqu'à minuit.

Heureusement, sa femme Linda, fait tout le travail, tous les suivis, tout le support clientèle, envoi les trousses de démarrage, s'assure que tous les membres inscrivent le prochain meeting à leurs agendas, enregistre les distributeurs aux formations... parce que Linda est une personnalité jaune. Les jaunes excellent dans le volet « support ».

Pendant que Michael assouvit sa soif de parler au téléphone, Linda passe régulièrement près de lui et lui procure un petit massage de cou... un sandwich... un soda...

J'ai demandé à Linda un jour : « Alors Linda, comment on se sent, mariée à quelqu'un comme Michael ? » (Souvenez-vous qu'elle est jaune.)

Linda de répondre : « Oh, c'est tout simplement merveilleux. Michael rencontre toutes ces nouvelles personnes dont je peux ensuite prendre soin et m'occuper. »

N'est-ce pas l'équipe parfaite ? Michael est une machine à recruter et Linda peut ensuite assouvir sa soif « jaune » en effectuant tous les suivis.

Et elle doit le faire. Pourquoi ? Parce que les bleus ne feront jamais, jamais de suivi. Vous savez pourquoi ? Parce qu'ils sont trop occupés à rencontrer de **nouvelles** personnes.

Maintenant, puisque les bleus sont à l'extérieur pour faire de nouvelles connaissances et, qu'ils réfléchissent à 200 miles à l'heure, nous en déduisons que les bleus ont une très faible capacité d'attention. Il n'est pas rare, en discutant avec un bleu, qu'il saute d'un sujet à l'autre cinq ou six fois avant même que vous ayez eu la chance de glisser un mot.

Vous animez une réunion. Une personnalité bleue lève la main et pose une question parce que… elle a tout simplement besoin de parler ! La question pourrait ressembler à ceci :

« J'ai une question. Je faisais route vers Chicago avec un de mes nouveaux distributeurs. Nous allions rencontrer un prospect et, je conduisais ma Volvo car ma Mercedes était au garage. Je n'arrive pas à croire combien ils facturent pour changer l'alternateur sur ma Mercedes. Pour le même montant, on pourrait s'envoler pour Disney World. Les coûts de réparation de ces voitures importées sont pharamineux. La première fois que j'ai pris l'avion pour Disney, j'étais en quatrième année. Et c'est à l'époque où l'on pouvait cueillir des oranges sur le site même. Ces oranges étaient extraordinairement plus fraîches de celles que l'on retrouve à l'épicerie aujourd'hui. Et, bien entendu, notre professeur de quatrième année était en fait la belle sœur de la mère de mon ancien mari. Nous étions plusieurs classes du primaire et d'autres écoles de l'Indiana, de l'Illinois et même du Wisconsin se sont jointes à nous. Il fait froid au Wisconsin durant l'hiver, je ne comprends pas qu'ils puissent y vivre. Ceci dit, j'ai regardé une émission télévisée à propos du Canada, où les populations d'orignaux sont fortement menacées par le réchauffement climatique… »

Cinq minutes plus tard, la personnalité bleue termine sa question. Vous vous demandez alors : « Comment je répond à ça ? » Mais vous réalisez rapidement que vous n'avez pas à le faire, car la personnalité bleue ne voulait que parler. Elle n'écouterait pas votre réponse de toute façon !

Vous saurez rapidement s'il y a une personnalité bleue dans la salle lors d'une rencontre d'affaire… car au beau milieu de la séance d'information, elle se lèvera de sa chaise pour se précipiter à l'extérieur de la salle afin de se soulager d'un urgent besoin de… **parler**. Le prospect bleu cherchera un étranger dans le couloir pour rapidement entamer une conversation (ou une approche) en disant quelque chose comme :

« Oh, mon ami, tu dois te joindre à nous. Ce sera fantastique. Wow, tous ces voyages à l'agenda, des tonnes de gens à rencontrer, des formations extraordinaires, ce sera épique ! Je n'arrive pas à me souvenir du nom de la compagnie, ni de quoi il s'agit vraiment mais je te suggère fortement de faire partie de l'équipe… ce sera incroyable ! »

Eh oui, c'est une véritable personnalité bleue. Les bleus sont spécialistes de la « vue d'ensemble ». Ils ne se soucient pas des petits détails comme le nom de la compagnie et le type de produit.

La compétence est de pouvoir débusquer la personnalité bleue.

Souvenez-vous, le langage secret de chaque personnalité est simple. Un mot ou deux suffisent à les distinguer. La véritable compétence est de pouvoir reconnaître rapidement la couleur de personnalité de votre prospect.

Les bleus sont faciles à repérer car ils parlent tout le temps. Ils sont pleins de vie. Chaque fois que je vois un enfant de trois ans qui danse le « moonwalk » au centre commercial, je me dis : « Ouais, c'est une personnalité bleue. Et ses parents doivent se préparer à une longue, longue enfance à tenter d'aider cet enfant à focaliser son attention. »

Jetons un coup d'œil à quelques exemples de personnalités bleues.

Mel Gibson dans le film « L'Arme Fatale » était bleu. Il incarnait un policier fou, toujours en quête d'action, et on l'imaginait dire : « Allons tirer sur quelques personnes, on remplira les rapports plus tard et on posera des questions par la suite. » Action, action, action !

Les bleus prennent action, les faits et les informations sont totalement accessoires et ennuyants pour eux. Ils sont déjà en train de développer leur entreprise de marketing relationnel avant même de savoir quel produit ils représentent. Vous devez apprendre à aimer les gens qui possèdent cette fougue pour l'action.

Les bleus investissent leur temps dans l'action plutôt que de mijoter et réfléchir. Ils sont sur le terrain et font bouger les choses. Si vous voulez que quelque chose se fasse ou se passe, mettez un bleu sur le dossier.

Lorsqu'un bleu atterrit dans un nouvel aéroport, la première chose qu'il dit est : « Oh, qu'est-ce qu'on peut visiter en premier ? Il y a des fiestas en ville ce soir ? Qu'est-ce qu'on peut faire pour s'amuser en attendant ? »

John Cleese, dans la comédie britannique « L'Hôtel en folie », était un superbe exemple de personnalité bleue. Activités continuelles dans une centaine de directions à la fois et peu de choses accomplies à la fin de la journée. Simple quête de plaisirs.

Et que dire du comédien anglais Benny Hill ? Chaque sketch composé de 30 secondes d'activités intenses, beaucoup de rires, beaucoup de plaisir suivi d'un autre 30 secondes d'activités intenses, de rires et encore plus de plaisir.

Personnages de bande dessinée ?

Bugs Bunny et Bob L'Éponge. Définitivement des personnages qui aiment avoir du plaisir. Aucune inhibition, toujours en quête de stimulation et de nouveauté.

L'un des célèbres chiens de Disney, Goofy, ne songeait qu'au moment présent, aucune planification, juste le plaisir immédiat. Un sourire permanent au visage malgré les plats dans lesquels il se mettait constamment les pieds.

Homer Simpson ? Résolument bleu. Il ne songe jamais aux conséquences, ne planifie rien, s'investit totalement dans le moment présent et profite de la vie au maximum. Et, naturellement, sa femme Marge est plutôt jaune et c'est elle qui ramasse les pots cassés.

Dans le film « Trouvez Némo », vous vous rappelez du poisson bleu tropical verbomoteur ? Dory était dotée d'une mémoire très courte. Toujours enjouée, elle était toujours prête pour l'aventure… Une bleue intense !

Il y a aussi le chien de Charlie Brown, Snoopy ! Bien entendu bleu. Toujours que le plaisir et s'imaginer pilote d'avion… les bleus vivent au présent.

Dans la série pour enfants « Sesame Street », vous souvenez-vous de quelques personnalités bleues ? Je pense à Ernie… plein de joie, espiègle, profitant de chaque instant de chaque journée. Et que pensez-vous de « Cookie Monster » ? Ne vivant que pour le présent et devenant frénétique à la vue d'un simple biscuit ! Plein de vie lui aussi, et vous vous rappelez la couleur de sa fourrure… bleue !

Le comportement bleu.

Vous vous souvenez de la mise en situation au banquet ?

Imaginez que la personnalité bleue fait son entrée dans une grande salle de banquet. Il y a de grandes tables rondes, quelques une avec plusieurs personnes qui rient et s'amusent, et cette table où une personne est assise toute seule.

À quelle table croyez-vous que la personnalité bleue prendra place ?

Et bien, sûrement pas à la table de notre solitaire. C'est cette table que la personnalité jaune avait choisie, vous vous souvenez ?

La personnalité bleue sera plutôt attirée par la table la plus bruyante, la table la plus excitante, celle qui affiche « complet »… notre bleu se trouvera une chaise quelque part dans la salle pour se joindre à cette table en folie et joindre la conversation. La personnalité bleue veut faire un maximum de nouvelles rencontres et s'amuser.

Les personnalités bleues ont **besoin** d'être avec d'autres gens.

Une de mes petites filles est de couleur bleue. Lorsqu'elle était petite, elle dansait sans cesse, sautillait partout et était fortement attirée par les nouvelles choses. Même à l'âge de deux ans, elle n'aimait pas être seule. Elle avait déjà un besoin naturel d'être entourée de gens.

Les bleus veulent être au cœur de l'action.

Est-ce que les bleus font de bons leaders ?

Bien sûr ! Ce sont des gens d'action. Ils ne sont pas du genre à se tourner les pouces en attendant qu'un comité prenne une décision. Ils veulent être dans le feu de l'action, maintenant.

Leur groupe n'a pas à se soucier de ce qu'ils pourraient faire durant les temps libres à la convention annuelle ; les bleus ont déjà réservé toutes les excursions et la musique joue déjà !

Pourquoi vos prospects ne vous comprennent pas.

Prenons par exemple le mot « banquet ».

Est-ce que le mot banquet signifie quelque chose de différent pour la personnalité jaune et la bleue ?

Oui.

Pour les bleus, banquet signifie l'opportunité de parler, avoir du plaisir et rencontrer de nouvelles personnes.

Pour les jaunes, banquet signifie l'opportunité de s'assurer que tout le monde est heureux et que personne n'est laissé pour compte.

Et c'est là que réside le problème dans la communication. Presque tous les mots de votre présentation peuvent signifier quelque chose de totalement différent selon la couleur de la personnalité du prospect devant vous.

Si chaque mot que vous dites peut signifier quelque chose de différent pour chaque couleur de personnalité, la raison pour laquelle les gens n'adhèrent pas à notre programme ou n'achètent pas nos produits devient évidente.

Si nous parlons dans un langage d'une couleur différente de celle que notre prospect comprend, il y a confusion et incompréhension, et cette personne ne joindra pas notre équipe et n'achètera pas nos produits.

La compétence est de reconnaître la personnalité bleue rapidement.

Dieu merci, c'est très facile.

Si vous vous retrouvez debout devant une personne qui parle, parle et parle encore, et bien vous êtes en présence d'une personnalité bleue. Prêtez attention aux mots-clés de celle-ci dans votre conversation tels que :

- Plaisir
- Super
- Fantastique
- Intéressant

- Voyage

- Nouveau

- Excitant

Et ensuite, notez à quel point elle **ne vous écoute pas** !

Prêtez attention aux mots évocateurs dans une conversation avec un bleu tels que :

« Mon travail n'est plus très **amusant**. C'est toujours du pareil au même, jour après jour. Emmerdant. Je cherche quelque chose qui me permettrait de rencontrer de **nouvelles** personnes **intéressantes** et ne pas devoir rester **assis** derrière un bureau. »

Comment inviter une personnalité bleue à une rencontre d'affaire.

Voici un exemple d'invitation caricaturé à une personnalité bleue dans son propre langage.

Encore une fois, vous souhaitez seulement les informer que vous aimeriez qu'ils assistent à votre rencontre d'affaire, mais avec des mots qu'ils comprennent.

D'abord, attendez que la personnalité bleue prenne une respiration et une gorgée de soda. Saisissez alors votre chance de placer un mot avant qu'elle ne recommence à parler. Voici votre invitation :

« Nous avons une rencontre demain soir. Ce sera super excitant et amusant. T'auras la chance de rencontrer des tonnes de nouvelles personnes et de leur parler avant la rencontre, pendant la rencontre et durant plusieurs heures suivant la rencontre. On a des voyages gratuits à gagner pour Las Vegas et pour Londres, et nous monopolisons un 747 ! Nous plaçons un baril de bière bien froide dans l'allée, il y a un super karaoké et nous faisons la fête durant tout le vol pour démarrer les vacances. Une fois arrivés à destination, notre agenda est rempli de circuits et d'attractions touristiques tous les jours et, c'est la fiesta toutes les nuits... Pas question de dormir durant les 96 premières heures... tu dois venir absolument, et j'ai besoin d'un camarade de chambre pour le voyage... »

Voilà ! Le tour est joué ! La personnalité bleue est prête à joindre votre équipe, en a déjà parlé à quelques personnes et a commencé à préparer ses valises ! La personnalité bleue n'a même pas besoin de voir la présentation ! Le projet semble tellement excitant que la décision est déjà prise.

Ce qui est vraiment extra lorsqu'on parle aux bleus, c'est qu'ils n'écoutent pas vraiment. Alors si vous oubliez quoi dire, vous n'avez qu'à dire n'importe quoi très vite et avec un ton enthousiaste... ça fonctionne !

LA PERSONNALITÉ « ROUGE ».

La troisième typologie est la personnalité « rouge » et le rouge :

- Désire être aux commandes.
- Désire être le patron.
- Désire dire aux autres quoi faire.
- Est un excellent organisateur.
- Est très terre-à-terre et recherche les résultats.
- Déteste les gens qui pleurnichent et se trouvent des excuses.
- N'est motivé que par… **l'argent** !

Les personnalités rouges font les plus gros revenus en marketing relationnel. Bien sur, les bleus parlent à plus de gens, mais les rouges organisent leurs équipes et exigent des résultats.

Tout le monde souhaite un leader rouge dans son équipe. Pourquoi ? Parce les rouges le feront à leur façon et iront jusqu'au bout, sans que vous n'ayez à les guider ou à leur demander.

Si vous n'aviez pas de leader rouge dans votre équipe, qui organiserait les réunions ? Pas les jaunes en tout cas. Les jaunes diraient : « Oh, organisons une rencontre, asseyons-nous en demi-cercle en mangeant des biscuits et en chantant l'hymne de la compagnie. Ensuite, on pourrait discuter du contenu de la réunion. Ou peut-être devrait-on laisser quelqu'un d'autre organiser le meeting et être aux commandes, nous n'aurions qu'à l'aider et l'encourager. »

Et les bleus ? Hmmm. Les bleus ne peuvent organiser une séquence de deux pensées sans changer de sujet. Vous ne voulez pas que vos leaders bleus organisent quoi que ce soit !

C'est la raison pour laquelle les personnalités rouges sont si importantes : elles prennent les choses en mains et les mènent à terme.

Vous trouverez souvent les personnalités rouges dans les rôles de patrons, gérants et politiciens. Oui, les politiciens sont rouges. Leur message se résume à : « Votez pour moi et ensuite, je vous dirai quoi faire. »

Vous avez besoin des rouges pour organiser les choses. Par exemple, si vous aviez besoin d'un planificateur pour votre mariage, voudriez-vous d'une personnalité jaune trop flexible ?... « Ah oui, je suis désolée... mon chat était malade, alors je n'ai pas contacté la pâtissière et c'est la raison pour laquelle ton gâteau est jaune plutôt que blanc. La pauvre pâtissière, elle a perdu son chien il y a deux semaines et elle n'est pas dans son assiette... »

Bien sûr que non, vous souhaitez un planificateur de mariage rouge qui s'assure que votre mariage se déroule tel que prévu et sans accrochages, avec une efficacité de calibre militaire.

Quelques exemples de personnalités rouges.

Margaret Thatcher d'Angleterre était rouge. Confronter les gens était sa signature. Elle voulait que tout soit et se déroule à sa manière.

Donald Trump est rouge. Son univers gravite autour de l'argent. Il se fait un plaisir de dire : « Tu es congédié ! » si quelqu'un ne rencontre pas ses exigences.

Les athlètes de haut niveau et les gens avec un gros égo sont presque toujours rouges. Ils doivent être « numéro 1 » dans tout ce qu'ils font.

Mr. Burns, le propriétaire avare de la centrale nucléaire dans la série « Les Simpsons » est totalement rouge. Tout comme la bête dans le film « La belle et la bête. »

Dans la comédie britannique « L'Hôtel en Folie », Sybil, l'épouse tyrannique, était rouge. Elle n'entendait pas à rire et exigeait que les choses soient faites à sa façon et dans les délais. Elle se devait d'être rouge car son conjoint, John Cleese, était totalement bleu et devait être sous surveillance en tout temps.

Dans les vieux feuilletons télévisés, Archie Bunker et George Jefferson étaient tous deux rouges, n'écoutaient rien ni personne, et avaient toujours réponse à tout.

Et vous vous souvenez de Lucy dans la bande dessinée « Peanuts ? » Elle tentait de diriger Charlie Brown et ses amis en permanence. Toujours prompte à donner son opinion et faire ses recommandations. Lucy était résolument rouge.

Les rouges n'écoutent pas non plus !

Les jaunes ne pensent qu'à aider les autres, les bleus ne pensent qu'à avoir du plaisir (oui, les bleus sont ceux qui ont en général le plus de plaisir en marketing relationnel) et les rouges ne pensent qu'à l'argent. Mais les rouges, tout comme les bleus, n'écoutent pas.

Par contre, les rouges n'écoutent pas parce qu'ils ont déjà toutes les bonnes réponses. Pourquoi perdraient-ils leur temps à écouter nos pauvres et insignifiantes opinions alors qu'ils savent et maîtrisent déjà tout ? Les rouges n'ont jamais eu tort… à propos de quoi que ce soit !

Ce qui signifie que, si vous avez des leaders rouges dans votre équipe, ils ne vous écoutent pas. Ils savent déjà comment ils vont développer leur entreprise, comment ils vont recruter et comment ils vont structurer leurs groupes. Vous savez que vous avez un leader rouge dans votre équipe lorsque vous entendez :

« Bon ! Tout le monde ! C'est l'heure de faire bouger les choses ! Tout le monde achète une liste de 500 prospects. De plus, je veux une liste de vos 200 meilleurs prospects sur mon bureau demain matin. Aussi, tout le monde doit contacter 50 inconnus par téléphone chaque jour, frapper à 33 portes, et amener 2 invités par présentation d'affaire. Et c'est non négociable ! »

Les rouges adorent la compétition et la reconnaissance.

Les rouges feront le plus d'argent car ils sont très compétitifs. Ils adorent se mesurer aux autres. S'il y a un trophée, les rouges vont faire des pieds et des mains pour le mériter, principalement pour la reconnaissance qui y est rattachée. Chaque trophée ou concours est une occasion de se mettre en avant plan.

Si une personnalité rouge n'obtient que la quatrième place dans une compétition, elle s'adressera à ceux qui ont obtenu la 5e, 6e, 7e, 8e, 9e et 10e position en leur disant : « Hé ! Perdant ! Regarde où j'ai terminé ! »

Oui, les rouges adorent gagner.

Aimeriez-vous savoir comment une personnalité rouge reçoit un trophée ?

Lorsqu'un rouge reçoit un trophée devant un groupe et prend le micro, il dit : « Merci pour le trophée. J'y ai travaillé très fort et je le mérite ; et vous n'êtes que des perdants ! »

Aimeriez-vous savoir de quelle façon le jaune reçoit ce même trophée ?

La personnalité jaune reçoit le trophée en disant : « Boo hoo hoo. Snif snif sanglots. Je ne mérite pas vraiment ce trophée. Nous devrions donner ce trophée à cette pauvre Marie, son chat est malade à la maison et ce trophée lui apporterait un peu de réconfort. Boo hoo hoo… »

Et finalement, aimeriez-vous savoir de quelle façon le bleu accueillerait le trophée ? En recevant le trophée dans ses mains, un monologue à 200 miles à l'heure serait déclenché : « Trophée ! Ça me rappelle mon voyage à Disney World. En vol vers la Floride, nous avions des petits parapluies dans nos boissons. Et vous savez qui était assis à coté de moi ? Une personne qui magasinait ses chaussures au même magasin que ma tante. C'est juste à coté du centre commercial qu'ils vont bientôt construire. Il y aura une allée de quille extraordinaire. J'ai tellement hâte d'y jouer... »

Il devient de plus en plus facile de comprendre que ce qu'on dit peut signifier quelque chose pour nous, et quelque chose de totalement différent pour une autre couleur de personnalité.

Tout le monde a son utilité.

Oui, vous avez besoin des rouges dans votre équipe pour maintenir le focus du groupe. Vous avez besoin des bleus dans votre équipe pour amener beaucoup de sang neuf. Et les bleus rendront les meetings plus amusants et excitants. Ils sont spécialistes pour « briser la monotonie ! »

Bien entendu, nous avons aussi besoin des jaunes pour soutenir et aider lors des événements, et pour maintenir la paix et la joie chez les participants.

Chacune des trois couleurs peut constituer un super leader.

Le comportement du rouge.

Vous vous souvenez du banquet ? Regardons comment le rouge navigue dans ce type d'événement.

Le rouge entre dans la salle de banquet et prend immédiatement les commandes. Il empoigne le microphone, change la disposition des tables, indique à chaque personne quel siège lui est attitré et annonce aux participants l'agenda de la soirée.

Les rouges ont été conçus pour gérer et organiser les choses. C'est un élément important.

Vous vous souvenez des 12 personnalités jaunes rassemblées pour un meeting ? Rappelez-vous qu'ils allaient mourir de faim parce qu'aucun d'eux n'osait suggérer un restaurant pour éviter d'offenser qui que ce soit ?

Et bien, si un rouge se pointe à leur rencontre, les 12 jaunes seront très soulagés de pouvoir manger sans avoir à choisir le resto.

Les personnalités rouges sont rouges.

Lorsque vous parlez à une personnalité rouge, vous noterez qu'elle s'imagine souvent… jaune ! Demandez aux rouges comment ils se perçoivent et ils vous répondront : « Oh, je suis jaune. Je ne fais qu'aider ces pauvres perdants en leur disant quoi faire. Ces idiots n'arrivent même pas à s'autogérer alors, je les aide à s'organiser pour qu'ils puissent accomplir quelque chose. »

Eh oui, ces rouges **pensent** qu'ils sont jaunes, mais nous connaissons leur vraie nature n'est-ce pas ?

La compétence est de reconnaître la personnalité rouge rapidement.

Encore une fois, car c'est chose facile.

Si vous avez le sentiment d'avaler la pilule de travers lorsque quelqu'un vous dit « Comment les choses doivent être faites »… vous parlez probablement à un rouge. Portez attention à des mots tels que :

- Argent

- Pouvoir

- Richesse

- Compétition

- Perdant

- Pleurnichard

- Résultats

- Contrôle

- Patron

- Leader

- Image

Et si vous parlez à un prospect et qu'il dit : « Arrête de tourner autour de pot et viens-en au faits. Combien de gens je dois recruter pour faire 1000$? »

C'est un indice que votre prospect est probablement rouge.

Souvenez-vous des traits qu'il faut rechercher.

Les rouges…

- Sont axés sur les « résultats ». Ils souhaitent que vous en veniez aux faits, spécialement les faits entourant l'argent.

- Leur univers, c'est « l'argent »–ils utilisent l'argent pour mesurer leur succès dans le monde des affaires. Alors quand vous dites « un paquet de fric »… vous parlez leur langage.

- Sont de super organisateurs, et c'est pourquoi vous avez besoin de rouges dans votre équipe. Qui d'autre organisera les meetings et les formations ?
- Aiment être patron. Ils sont dans leur élément lorsqu'ils dirigent. Les rouges font de piètres disciples. Ils adorent donner des ordres aux autres.

Écartez-vous de leur chemin.

Les rouges auront leur propre système, leur propre équipe, leurs propres campagnes… et votre mandat est de vous écarter de leur chemin et les soutenir du mieux que vous pouvez.

Ils le feront à « leurs façons » parce qu'ils savent exactement de quelles façons ils veulent que leur entreprise se multiplie. Ils n'attendent aucune directive ni suggestion de votre part.

Quel est l'avantage de s'écarter de leur chemin ?

Et bien premièrement, ils se chargeront des problèmes de leurs groupes. Jamais ils ne feront appel à vous pour les régler.

Et deuxièmement, ils vous feront faire beaucoup d'argent. Asseyez-vous et appréciez.

Comment inviter une personnalité rouge
à une rencontre d'affaire.

Voici, toujours en caricature, la façon dont vous pourriez inviter un rouge dans son propre langage.

Encore une fois, votre objectif se limite à l'informer que souhaitez qu'il soit présent à votre rencontre d'affaire, mais vous traduisez votre demande dans un langage qu'il comprend.

« Nous avons une rencontre d'affaire demain soir. Tu dois être présent. On va parler d'argent. De beaucoup d'argent. D'un paquet d'argent. Pas de montants insignifiants comme un salaire, mais plutôt du pactole que tu peux générer on opérant ta propre entreprise.

« C'est ta chance de dire Bye Bye Boss, d'être ton propre patron, d'avoir ta propre organisation et de tout diriger à ta façon. Tu peux devenir le Numéro UN de tout l'État et obtenir la reconnaissance que tu mérites. Tu pourras enfin recevoir un chèque de commission à la hauteur de ton talent. Tu pourras même t'acheter cette Ferrari rouge dont tu rêves depuis toujours, la conduire dans le stationnement de ton ancien boulot, faire des traces de pneus en ouvrant ta fenêtre pour leur envoyer la main et leur dire : « Adieux bande de ratés ! »

Seuls les rouges comprennent ce vocabulaire. Pour eux, lorsque vous utilisez ces phrases, c'est comme si vous lisiez dans leurs pensées. Ils sont totalement en accord, il n'y a rien à discuter. Ils seront présents à votre rencontre d'affaire, 30 minutes à l'avance et assis à la première rangée.

Maintenant, si vous n'êtes pas de personnalité rouge, ces phrases seront vides de sens pour vous. Vous ne comprendrez tout simplement pas. En fait, si vous êtes jaune, vous réaction sera plutôt : « Oh, que c'est cruel. »

Mais, sous la caricature, c'est bel et bien le langage des rouges.

LA PERSONNALITÉ « VERTE ».

Les personnalités vertes sont habituellement des :

- Ingénieurs
- Comptables
- Informaticiens
- Scientifiques

Oui, les personnalités vertes sont des gens ennuyants dépourvus de tout charisme et ne devraient jamais être mélangés à la population.

Pendant que les jaunes se dévouent à aider les gens, que les bleus carburent au plaisir et que les rouges foncent sur le magot, les verts de leur coté ne sont stimulés que par :

L'information !

Le mot « données » est le mot qui fait frissonner les verts.

Et contrairement aux autres couleurs de personnalités qui affichent de bons et de mauvais cotés, les verts n'ont que des qualités. Oh, et puisqu'on y est, vous ai-je mentionné que je suis une personnalité verte ?

Pour les verts, le personnage fétiche est Mr Spock de la série « Star Trek ». Vous vous souvenez ? Pour lui, tout n'était que logique, faits, informations… et aucune place pour l'émotion.

Dans la bande dessinée Dilbert, le personnage principal (Dilbert) et son ami Wally, sont tous deux verts. Ils sont tous deux complètements démodés et voient le monde en noir et blanc, sans nuances de gris. La vision du monde de Wally et Dilbert se définie en logique, en données et en informations.

« Sesame Street ? » Que pensez-vous de Count Von Count qui n'a pour seul intérêt de tout compter. Et admettez que l'amie d'Ernie, Bert, était plutôt antisocial donc, plutôt vert en termes de personnalité.

Vous savez que vous êtes face à un prospect vert lorsque vous terminez votre présentation de trois heures et qu'il vous dit : « Merci pour cette information préliminaire. Je vais maintenant faire un saut sur internet pour fouiller 44 sites web, monter un fichier Excel et une base de donnée, puis les relier ensembles pour faire des corrélations… et je te recontacte dans environ 3.7 semaines. »

Alors si vous projetez une décision rapide de la part d'un vert, vous risquez de vivre une certaine frustration. Les verts rendent les rouges et les bleus complètement fous en remettant à plus tard leurs décisions et leurs actions. La priorité des verts est de recueillir toute l'information disponible pour ensuite analyser toutes les possibilités et scénarios potentiels afin d'éviter de commettre une erreur.

Les personnalités vertes sont très confortables avec les livres est les ordinateurs, mais beaucoup moins avec les êtres humains.

Alors les verts que vous croiserez passeront habituellement trop de temps à réfléchir et trop peu à agir. Tout à fait l'opposé de la personnalité bleue qui passe trop de temps à agir et trop peu à réfléchir. Mon ami bleu, Michael, dit souvent :

« Ma vie serait tellement plus agréable sans ces fichus verts. Je les appelle en disant : « Hé ! Tu es distributeur depuis six mois déjà ; parle à quelqu'un ! » Et le vert me répond : « J'y suis presque ! Il me reste deux questions à traduire en polonais, juste au cas où mon premier prospect parle seulement polonais. Je veux être fin prêt avant de commencer. »

Pourquoi les personnalités vertes ressentent le besoin d'accumuler toute cette information ? Bien entendu ils désirent être certains de prendre la bonne décision, mais ils désirent aussi pouvoir répondre à toutes les questions de leurs futurs distributeurs et clients.

Ce qu'il y a de bien avec les verts, c'est qu'une fois qu'ils ont pris leur décision, ils seront fidèles et pratiquement immuables. Ils ont investi un temps considérable en recherches, analysé tous les faits et les options possibles, alors une fois leur décision prise, ils seront avec vous pour très très longtemps. Les verts ne sont peut-être pas rapides au départ de la course, mais ils seront à vous cotés pour compléter le marathon.

Ce qui signifie que les verts font aussi d'excellents leaders.

Lorsque quelqu'un de l'équipe les contacte pour une question, les verts connaissent la réponse. Et si vous avez besoin d'une information précise sur le plan de rémunération ou encore sur l'ingrédient magique d'un des produits, ils peuvent y répondre aussi.

Les verts passent un temps fou à se préparer pour ça, alors lorsqu'un de leurs distributeurs les contacte pour demander le formulaire d'ouverture de compte de 1982, la personnalité verte répondra probablement : « Est-ce que tu veux la version révisée A ou B ? J'ai les deux. »

Les personnalités vertes passent tout leur temps dans les formations, à rééditer les brochures de la compagnie et à accumuler de l'information… parce que ces activités leur permettent d'éviter de parler à des gens. Le marketing relationnel, qui implique de parler aux gens, est légèrement hors de leur zone de confort. Ils doivent donc être entièrement préparés afin de ressentir une confiance personnelle suffisante pour parler à un premier prospect.

Du coté positif de la balance, les verts sont extrêmement loyaux. Ils ont déjà analysé toutes les compagnies concurrentes, et ont sélectionné votre compagnie comme étant la meilleure option.

Le comportement de la personnalité verte.

Si les jaunes sont les professionnels du câlin, les verts détestent les contacts physiques. Les verts ne sont pas très sociaux. Si vous essayer de faire l'accolade à une personnalité verte, elle fige et tente de s'éclipser.

Mon ami bleu, Michael, aime bien me taquiner parce que je suis vert. Je vais parfois au Canada pour visiter mon ami Gary, lui aussi vert. Michael appelle alors Gary et lui dit : « Hé, Gary, quand Big Al te rendra visite, je veux que tu lui fasses une grosse accolade ! Et s'il-te-plaît, prend une photo car deux verts qui font l'accolade, ça ne s'est jamais vu ! »

Donc, si les verts fuient les accolades et que les jaunes en sont fous, alors qu'en est-il des bleus ? Les bleus diront probablement : « Wow ! Ça semble amusant ! »

Et les rouges aiment les accolades ? Si vous tentiez l'expérience, le rouge pourrait bien vous lancer : « Quel bonus en argent je reçois pour faire ça ? »

Donc, si une simple accolade peut signifier quatre choses différentes, ça suppose que presque chaque mot de votre présentation peut signifier quatre choses différentes selon la couleur de la personnalité du prospect assis devant vous.

Il est maintenant très facile de comprendre pourquoi les gens disent non à notre opportunité ou n'achètent pas notre produit. Ils ne nous comprennent tout simplement pas parce qu'ils interprètent ce qu'on dit autrement ; ils parlent un langage différent.

D'autres comportements typiquement verts.

Vous savez que vous avez épousé un vert lorsque vous observez comment il prépare les vacances familiales. La personnalité verte a déterminé la distance exacte entre chaque plein d'essence et à quelle station service faire un arrêt pour le meilleur prix (il a vérifié sur internet). Il a réservé les hôtels neuf mois à l'avance pour obtenir les tarifs les plus bas et, a cédulé un agenda d'activités optimisé qui devra être suivi à la lettre.

Si une poignée de porte se brise à la maison, le vert fera enquête durant trois mois pour découvrir la cause du bris et, rédigera un manuel préventif pour les poignées à risque. Par la suite, le vert mettra 6 mois à magasiner localement afin de trouver la poignée de remplacement idéale (qualité-prix), pour ensuite comparer le meilleur prix local avec les prix internet partout sur le globe. Il reçoit la poignée de remplacement quelques semaines plus tard avec les outils spécialisés d'une valeur de 250$ et une encyclopédie d'installation au coût de 300$. Lorsque cette poignée sera remplacée, ce sera sans aucun doute la meilleure poignée de porte du monde connu.

Lors d'un de mes ateliers, une personnalité verte m'a donné sa carte d'affaire durant la pause. En fait, ça n'était pas vraiment une carte d'affaire, mais plutôt une feuille de papier taillée en format carte d'affaire parce que c'est plus économique. Sur sa carte d'affaire (recto verso), on pouvait lire la totalité de sa présentation une minute, du moins en utilisant une loupe.

J'ai regardé sa carte d'affaire et lui ai demandé : « Qu'est-ce que c'est ? »

Il a répondu : « Et bien, c'est ma carte d'affaire. Qu'en pensez-vous ? Laissez-moi vous parler de mon plan. Durant la nuit, lorsque tout le voisinage dort paisiblement, je vais arpenter les rues en douce et glisser mes cartes d'affaires sous les essuie-glaces des voitures. Lorsque mes voisins se réveilleront le lendemain matin, ils liront ma « présentation une minute » sur la carte d'affaire et joindront mon entreprise. Je n'aurai même pas besoin de leur parler ! »

Et bien, c'est bien un plan mais… désastreux ! Imaginez ce qui pourrait arriver (entre autres). Une autre personnalité verte dans son entourage se dirige vers sa voiture de bon matin et remarque la petite carte… :

« Hmmm. Il semble y avoir un morceau de papier, environ la taille d'une carte d'affaire, sous mon essuie-glace. Je me demande bien de quoi il s'agit. Je crois que je vais utiliser la loupe portative avec lumière intégrée de mon porte-clés pour déchiffrer ces micro-caractères. Ohhh. Ça semble être une offre intéressante. Je vais jeter un coup d'œil sur le web pour voir si je peux ouvrir mon compte moi-même. Peut-être que je pourrai utiliser un identifiant « cool » comme 007. »

Ok ok. J'ai dit que ça **pourrait** arriver, mais c'est peu probable. Ceci dit, l'exemple illustre assez bien comment réfléchissent les verts. Ils feront à peu près n'importe quoi pour éviter d'interagir avec des prospects.

Que ferait un vert à notre banquet ?

Ah ha ! La question qui tue. Les verts ne participent tout simplement pas aux banquets parce qu'ils sont bondés d'êtres humains. La personnalité verte reste tranquillement à la maison et navigue plutôt sur internet.

Les verts épousent plutôt quelqu'un d'une autre couleur de personnalité et leurs délèguent les banquets.

Le mot « banquet » signifie donc quelque chose de très différent pour les verts.

Vous vous demandez probablement : « Comment un vert reçoit un trophée ? »

Et bien, vous vous souvenez de la réaction du jaune : « Quelqu'un d'autre le mérite davantage. »

Et le bleu qui, en recevant le trophée, se met à parler de tout et de rien sans pouvoir s'arrêter.

Et du rouge qui se pavane en disant : « Je suis un gagnant et vous êtes tous des perdants. »

Mais qu'en est-il des verts ?

Et bien, nous, les verts, ne recevons pas de trophées. Nous sommes trop occupés à lire les règlements et chercher des fautes d'orthographe dans le descriptif. On ne démarre jamais à temps.

Encore une fois, le même trophée peut stimuler chaque couleur de personnalité de façon totalement différente.

Comment les personnalités vertes gèrent la douleur ?

Imaginez un vert qui se dirige dans son petit atelier de bricolage au sous-sol de sa maison. À peine installé, il se frappe accidentellement les doigts avec son marteau. La douleur se transmet rapidement dans son bras et une alarme s'active dans son cerveau.

Que fait le vert ? Il se dit : « Je me demande si la douleur dans mes doigts a quelque chose à voir avec l'impact du marteau qui semble avoir broyé mes phalanges. Je devrais m'en assurer. »

Alors une fois de plus, le vert frappe ses doigts avec son marteau. Et cette fois encore, une douleur intense grime rapidement dans son bras et une alarme se déclenche au cerveau.

Alors le vert de déduire : « En effet, il semble y avoir une relation entre la douleur dans mes doigts et l'impact du marteau. Je crois avoir prouvé que ce lien cause à effet existe véritablement. Mais je crois que je vais répéter l'expérience une dernière fois pour valider hors de tout doute cette nouvelle théorie, juste pour en être absolument certain. »

Les personnalités vertes sont sceptiques. Ils ont besoin de preuves. Ils veulent être absolument convaincus avant de prendre leur décision.

Alors anticipez des délais dans les décisions et les actions avec les verts. Ceci dit, votre patience sera récompensée car, une fois le vert convaincu, vous aurez trouvé un associé loyal et très focalisé.

Les verts... des cartes de mode ?

Stop, ces deux mots ne devraient jamais être placés ensembles.

De toutes les couleurs de personnalités, les verts sont les plus inconfortables avec la mode. Pourquoi ?

Parce qu'il n'y a pas de livret d'instructions avec une liste à cocher dans l'univers de la mode. Je cherche encore le manuel pratique décrivant les règles en matière de mode, rédigé par un comité invisible...

En fait, la mode relève plutôt de l'art que de la science alors, pour nous, personnalités vertes, en l'absence de règles claires et établies, nous sommes... désemparés.

Qui donc a décidé qu'un chandail ligné ne devrait pas être porté avec des bermudas kakis et des bas noirs aux genoux ? Et pourquoi est-il interdit de porter une cravate à fines lignes rouges sur une chemise à motifs cachemire ?

Pourquoi les ingénieurs verts ne dansent pas.

Avez-vous déjà vu un ingénieur vert danser ? On dirait un robot. Vous aimeriez savoir ce qui se passe dans sa tête lorsqu'il danse ?

« Engager processus #1 : soulever pied droit 5.5 centimètres, transférer poids 62% sur le pied gauche, faire un arc de cercle de 90 degrés avec le pied droit, tourner à 180 degrés, répéter le processus #1 avec le pied gauche... »

Nous avons besoin des personnalités vertes.

Beaucoup de gens se moquent des verts parce qu'ils ont de la difficulté à démarrer en marketing relationnel à cause de leurs faibles aptitudes sociales ; mais souvenez-vous de ceci. Lorsque vous traversez un pont, vous êtes soulagés qu'il ait été construit par un vert. Vous ne voudriez pas d'un pont construit par un bleu. Si un bleu avait été mandaté pour construire ce pont, les directives durant les travaux ressembleraient à ceci :

« Oh, ça n'est pas à niveau ici. Place une autre cannette de bière en dessous pour égaliser. »

Les verts font d'excellents agents de sécurité. Vous imaginez une personnalité jaune en agent de sécurité ? En apercevant un criminel en train de voler les ordinateurs de la compagnie, le jaune s'écrirait : « Oh, mon ami, c'est très lourd tout ça. Tu as besoin d'aide ? Dis, tu aimerais me parler des traumatismes de ton enfance qui te poussent à voler des choses ? »

Nous avons donc besoin des verts, tout comme nous avons besoin des jaunes, des bleus et même des rouges. Chacun a son rôle à jouer pour faire croître nos organisations.

Comment inviter une personnalité verte à une présentation d'affaire.

Encore une fois, nous allons caricaturer la façon dont vous pourriez vous adresser à un vert dans son propre langage.

« Est-ce que tu pourrais s'il-te-plaît assister à une présentation d'affaire demain soir ? J'ai besoin de ton **opinion**. Nous allons nous asseoir le plus loin possible à l'arrière de la salle, là où personne ne nous dérangera et où personne ne tentera de recruter. Nous apporterons un cahier de notes géant parce qu'il y aura beaucoup d'information. Et je crois qu'à la fin de la présentation, nous aurons suffisamment d'informations pour débuter nos recherches préliminaires. »

Bingo !

Nous les verts serons présents. Nous sommes confortables parce que ce sont des mots qui nous parlent.

Les personnalités vertes, tout comme les jaunes, n'aiment pas se faire vendre quelque chose. Cette invitation est donc parfaite pour les prospects verts de votre liste.

Et si nous faisions la même invitation mais, à une personnalité bleue… et bien ce prospect bleu aurait terminé son pack de six bières et serait déjà en route vers quelque chose de plus excitant avant même que nous ayons terminé l'invitation.

ALORS QUELLE EST LA COULEUR DE VOTRE PERSONNALITÉ ?

Certaines personnes sont tellement bleues qu'on les reconnait au premier coup d'œil. Chaque fois que je vois un jeune garçon de 4 ans faire du breakdance et chanter à l'aéroport, je sais que ses parents vivront des expériences très intéressantes dans l'éducation de ce jeune bleu.

Certaines personnes sont tellement rouges qu'on les distingue de loin. Lorsque je vois une jeune fille donner des ordres aux autres enfants et gérer l'aire de jeu, j'imagine une future politicienne ou gérante. Elle est née pour diriger et faire la loi.

J'adore quand les gens sont faciles à cerner car ça évite de jouer à la devinette ou, de devoir faire un test de personnalité approfondi pour déterminer leur couleur.

Et qu'en est-il de vous ?

Quelle couleur de personnalité croyez-vous être ?

La plupart des gens ont une couleur primaire et parfois, une couleur secondaire. Pour ma part, je suis 100% vert alors il m'est inutile de faire de l'angoisse en me posant cette question. (Oui, j'ai vraiment exploré toutes les alternatives avant de conclure que je suis 100% vert.)

Si vous êtes ambivalent sur la couleur de votre personnalité, voici quelques explications plausibles :

Explication #1 : Vous êtes une personnalité jaune et vous songez : « Oh, j'aimerais tant que quelqu'un vienne à moi pour déterminer ma couleur. »

Explication #2 : Vous êtes de personnalité bleue et vous avez lu ce livre en diagonale sans y prêter vraiment attention.

Explication #3 : Vous êtes vert et vous vous dites : « J'ai besoin de beaucoup plus d'information pour prendre une décision finale. »

D'accord, je plaisante avec ces explications. En fait, les rouges connaissent toujours leur couleur. Si vous leur demandez leur couleur de personnalité, ils répondent : « Nous sommes rouges. Nous sommes la meilleure couleur, et nous n'avons pas besoin de ces autres couleurs stupides. »

Et si je sens que je suis un amalgame des quatre couleurs ?

Certains diront que vous êtes « psychotique. »

Ou que vous souffrez d'un trouble de personnalités multiples. :)

OK, je vous l'accorde, nous possédons tous un peu de chaque couleur, mais en général, une couleur se démarque, et une seconde couleur de personnalité contraste ou complète la première.

Vous entendrez des gens dire : « Oh, je suis bleu, mais j'ai aussi un peu de jaune. » Alors oui, les personnalités bleues ont aussi le droit de se soucier des gens. Et il est aussi permis aux verts, occasionnellement, de parler en public et de prendre en charge une rencontre.

Et si vous sentez que vous êtes à cheval sur deux couleurs, cela signifie tout simplement que vous pouvez parler deux langages de façon intuitive.

C'est excellent, et vous devriez vous en féliciter. Vous n'avez plus qu'à apprendre les deux autres langages et vous serez ensuite apte à communiquer avec tout le monde dans leur langage respectif.

Demandez à vos amis.

On ne voit souvent pas d'un point de vue objectif. Alors si vous n'arrivez pas à cerner votre couleur de personnalité, demandez simplement à vos amis !

Ils se feront un plaisir de vous dévoiler la couleur de votre personnalité. Pour eux, c'est on ne peut plus évident.

Est-ce que la couleur de ma profession reflète ma véritable couleur ?

Plusieurs personnes sont confuses quant à leur couleur réelle parce qu'elles la confondent avec la couleur de personnalité associée à leur travail.

C'est votre couleur **personnelle** qui compte. Les emplois vont et viennent, mais votre couleur de personnalité ne change pas.

Concentrez-vous sur la couleur de personnalité que vous croyez être la vôtre et ne laissez pas votre emploi actuel altérer votre jugement. Voici pourquoi.

Supposons qu'Anna est jaune. Elle adore prendre les gens dans ses bras. Un jour, elle est embauchée au département de service à la clientèle d'une entreprise. Anna est si performante dans cet emploi, qui consiste à aider les gens, qu'elle obtient une promotion au poste de... gérante ! Oups ! Les personnalités rouges adorent le poste de gérant, mais les jaunes détestent cette fonction. Maintenant Anna a horreur de son travail parce qu'elle doit congédier des gens.

Anna est toujours une personnalité jaune, mais elle travaille dans un poste de rouge comme gérante, et elle doit régulièrement licencier des employés. Pauvre Anna, elle pleure chaque soir. Une personnalité jaune dans un poste de rouge détestera son travail et sa vie.

L'insatisfaction au travail est très répandue chez les gens qui ont opté pour une carrière incohérente avec la couleur de leur personnalité.

Alors oubliez la nature de l'emploi. Scrutez votre prospect afin de déterminer la couleur réelle de sa personnalité.

Vous voulez un autre exemple ?

Imaginez une personnalité bleue prisonnière dans un emploi de comptable ! Celle-ci est toujours bleue, mais prise au piège dans un poste de vert. En fait, ce serait plutôt amusant d'observer cette personnalité bleue dans un poste de comptable. Je l'imagine disant : « Hé, les chiffres ne balancent pas ! Ouvrons une autre bière ! »

Je ne voudrais pas que mon comptable soit bleu.

Nous parlons aisément le langage de notre couleur de personnalité.

C'est la raison pour laquelle il est naturel pour des comptables de parler à d'autres comptables, et pour des gérants de parler à d'autres gérants, et pour des personnalités bleues de parler en même temps et être tous deux comblées !

Certaines personnes sont comme moi, monochrome. J'aime être 100% vert.

Et d'autres gens ne se regardent tout simplement pas objectivement. Une femme m'a dit un jour : « Oh, je suis orange – c'est bien ça, je suis jaune avec un peu de rouge sur ma ligne d'horizon. »

Non, pas du tout. Pas de couleur orange et rien de rouge ; juste une personnalité jaune déconnectée qui pense trop à ses sentiments.

Alors j'ai répondu à cette dame : « Vous êtes jaune ! Alors chevauchez votre licorne imaginaire et galopez vers le monde réel. »

Elle a répondu : « Ok, je serai jaune alors. si c'est OK pour vous bien entendu. » :)

Vous devez adorer les personnalités jaunes.

Vous devez tout de même accomplir certaines tâches chaque jour qui sont associées à d'autres couleurs de personnalités.

Si vous êtes une personne bleue qui aime s'amuser, vous devez tout de même gérer un budget et payer vos impôts. Ou encore, se pointer au travail à l'heure peut s'avérer un défi, mais vous devez le faire, même après une soirée amusante et bien arrosée.

Si vous êtes une gentille personne jaune, vous devez tout de même apprendre à imposer votre autorité afin que les enfants soient prêts pour l'école ou, insister pour que votre patient prenne bien soin de ses dents.

Si vous êtes de couleur rouge et que votre fille de trois ans fait appel à vous pour une écharde au doigt, vous devez être jaune ne serait-ce que quelques minutes.

La plupart des maris disent : « Ma femme est rouge, elle me dicte toujours quoi faire. » Mais… si madame ne dresse pas son conjoint, qui le fera ?

Si vous êtes une personnalité verte, vous devez quand même actionner 13 muscles de chaque coté de votre bouche pour générer un sourire lorsque vous prenez part à un événement à caractère social.

« J'ai toujours un doute sur ma couleur. »

Alors rendons cela encore plus simple. Quelles sont les deux personnalités les plus extraverties ?

Bleue et rouge.

Imaginez qu'un leader rouge de votre lignée de parrainage lance une grosse campagne de recrutement. Il dit : « J'exige que tout le monde dans cette équipe parle à 50 étrangers cette semaine ! »

Et bien, le distributeur rouge extraverti de l'équipe se dira : « Je peux parler à mes 50 étrangers avant même que le reste de l'équipe s'active. »

Le distributeur bleu extraverti de l'équipe s'écrira : « Super ! On peut parler aux étrangers ! Ce sera amusant. Excitant ! Allons rencontrer des étrangers maintenant. »

Mais qu'en est-il des jaunes et des verts ? Ils sont songeurs et réagissent à l'opposé de ces couleurs extraverties. Ils recrutent différemment. Ils ne sont pas confortables avec l'idée de communiquer avec de purs étrangers. Ils préfèrent parler à moins de gens, prendre le temps de les connaître et développer une relation, pour finalement introduire leur entreprise.

Bien entendu, les rouges pensent que les verts et les jaunes sont une bande de perdants pleurnichards parce qu'ils ne parlent pas à tous les étrangers qu'ils croisent. Les rouges ne comprennent pas que leur façon de développer leur entreprise n'est pas la seule façon.

Ok, alors savoir quelles personnalités sont extraverties peut aider ?

Si vous êtes extraverti, il y a de fortes possibilités que vous soyez bleu ou rouge n'est-ce pas ? Mais comment savoir si vous êtes, en tant qu'extraverti, bleu ou rouge ?

Et bien, si vous êtes en train de parler, vous êtes probablement bleu.

Et si vous êtes une personnalité rouge, alors vous vous dites probablement : « Je n'ai pas besoin des ces trois autres couleurs stupides et inutiles. » :)

Et qu'en est-il des couleurs plus discrètes ?

Si vous êtes plus discret (intraverti), vous êtes probablement jaune ou vert. Mais laquelle de ces deux couleurs ?

Et bien, deux petits tests rapides pour vous aider.

Test #1 : Demandez-vous : « Est-ce que j'ai une personnalité ? »

Si la réponse est oui, vous êtes jaune.

Test #2 : Demandez à quelqu'un de vous faire une grosse accolade et observez votre réaction. :)

Cet expérience, issue d'un film, est très révélatrice.

Jerry « D'Rhino » Clark a partagé avec moi cette histoire à propos des couleurs de personnalités. Dans le film « Le Titanic », le bateau frappe un iceberg et coule. Alors que font les différentes personnalités lorsque le bateau coule lentement au fond l'océan ?

1. Les jaunes tapent et disposent les oreillers dans les chaloupes de sauvetage afin que les survivants se sentent confortables.

2. Les bleus sont encore au bar avec les musiciens. Pourquoi pas ? Les drinks sont maintenant gratuits.

3. Les rouges sont déjà bien installés dans la première chaloupe de sauvetage à quitter le navire.

4. Les verts calculent la pression en livre par pouce carré qui fut nécessaire pour que l'iceberg éventre la coque du navire.

Ce qu'il faut retenir : votre couleur n'a pas vraiment d'importance.

Toutes les couleurs sont bonnes. Vous êtes nés avec cette couleur de personnalité, alors détendez-vous, appréciez votre couleur et ne faites pas d'anxiété en tentant de changer votre couleur.

Ce qui compte, c'est la couleur de vos prospects.

Vous désirez parler à vos prospects dans un langage qui leur semble familier et avec lequel ils sont confortables. Nous voulons que notre message transperce leurs esprits et touche leurs cœurs, sans qu'ils aient à l'interpréter.

DÉCOUVRIR LE LANGAGE SECRET DE VOTRE PROSPECT.

Souvenez-vous, la véritable compétence est de cerner **rapidement** la couleur de la personnalité de votre prospect. Une fois que vous connaissez sa couleur, il suffit de quelques mots dans son langage pour communiquer efficacement.

La façon la plus rapide d'acquérir cette compétence est de la mettre en pratique sur le terrain, tout simplement. Vous êtes prêts à vous lancer ?

Choisissez un partenaire maintenant. Ça peut être quelqu'un de votre équipe, votre conjoint, un étranger... n'importe qui.

Trouvez quelqu'un qui se trouve près de vous en ce moment, ou prenez le téléphone et appelez quelqu'un que vous connaissez.

La prochaine étape est de converser brièvement avec votre partenaire. Une courte conversation de deux ou trois minutes suffira. Votre partenaire et vous pouvez discuter de ce que vous voulez. Vous pouvez parler de température, de sport, du dernier feuilleton télévisé... n'importe-quel sujet qui vous intéresse tous les deux.

À la fin de votre conversation, demandez-vous : « Quelle est la couleur de la personnalité de mon partenaire ? »

C'est clair comme de l'eau de roche ?

Ou vous êtes incertain de la couleur de personnalité de votre partenaire ?

Avant de paniquer, laissez-moi vous parler de mes propres résultats.

J'arrive à cerner la couleur de mon prospect une fois sur deux seulement. Donc, la moitié du temps, je ne parviens pas à cerner la couleur de sa personnalité. Pourquoi ?

Peut-être parce que mon prospect est multicolore. Ou peut-être je n'ai pas été suffisamment attentif. Je ne sais pas. Mais je suis totalement satisfait de pouvoir cerner les couleurs de personnalités les plus évidentes.

Je disais donc que 50% du temps, je n'arrive pas à cerner mon prospect, mais ce que je sais, c'est que si mon prospect n'affiche pas de couleur prédominante, une présentation passe-partout fera l'affaire.

Alors voici la magie de la chose.

Pour la moitié des prospects dont **j'arrive** à cerner la couleur de personnalité, tout ce qu'il me reste à faire est d'articuler quatre ou cinq phrases dans son vocabulaire et mon prospect est prêt à acheter mon produit ou à joindre mon équipe **immédiatement**. La communication devient si claire et ciblée que lorsque vous parlez leur langage propre, les prospects « pigent » instantanément.

Je suis ravi de pouvoir utiliser ce super outil de communication avec la moitié des prospects à qui je parle. Vous pouvez faire fortune en communiquant de cette façon avec la moitié de vos prospects. Et le plus excitant, c'est que tout le monde peut le faire. Il vous suffit d'appliquer le bon langage aux prospects les plus évidents à classifier.

Ceci dit, j'espère que vous êtes soulagés. Vous pouvez vous concentrer sur ce 50% maintenant. Et si vous décidez de développer l'art d'observer et de cerner les couleurs, c'est parfait. Vous aurez accès à encore plus de gens avec qui vous pourrez communiquer comme un ninja.

Alors, vous êtes prêts à faire ce test avec votre partenaire ?

Je sais à quoi vous pensez :

« Avant de parler à mon partenaire, quels indices dois-je rechercher ? »

Je vous donne quelques trucs.

Si votre partenaire dit : « Oh, avant de parler, est-ce que tu aimerais quelques biscuits ? » Oui, vous êtes probablement devant une personnalité… jaune.

Si le partenaire que vous avez choisi parle déjà et que vous n'arrivez pas à placer un mot, vous avez deviné, il s'agit d'une personnalité bleue.

Si votre partenaire dit : « Cesse de tourner autour du pot, je n'ai pas beaucoup de temps à perdre. » alors là, vous êtes face à un rouge.

Et finalement, si votre partenaire évite la conversation et dit : « On ne pourrait pas simplement ou s'envoyer des courriels ou des textos ? » Oui, vous seriez vraisemblablement en présence d'un vert.

Ok, j'avoue que c'était relativement simple et un peu caricaturé, mais vous serez surpris à quel point c'est facile... la moitié du temps !

Amusez-vous et pratiquez !

NE PAS AVOIR D'AGENDA CACHÉ PERMET DES CONVERSATIONS DE QUALITÉ.

Dans le dernier chapitre, vous avez eu la chance d'appeler ou de parler à un(e) partenaire et de porter attention aux indices qui pourraient dévoiler la couleur de sa personnalité.

Maintenant, observons ce qui s'est passé derrière les mots...

#1. Aucun rejet.

Puisque votre partenaire occupait la majeure partie de la conversation, vous aviez peu de chances de dire quelque chose qui aurait pu causer un rejet. Vous n'étiez pas à la recherche d'une opportunité pour glisser votre produit ou votre opportunité dans la conversation. Je suis convaincu que vous avez déjà vécu ce type de conversation avec « intention cachée » (agenda caché) à quelques reprises. Ça ressemble un peu à ça :

Étranger : « Oui, mon nom est William. »

Distributeur : « William ? Fantastique. William débute par la lettre « W », exactement comme la compagnie avec laquelle je travaille, « World Wide Widgets ». Comme tu le sais, nous fabriquons les meilleurs « widgets » connus sur terre. Notre chercheur mettrait K.O. ton chercheur et j'ai plus de 80 témoignages écrits de clients emballés. Laisse-moi te les lire tout de suite… »

#2. Nouveau meilleur ami.

Les gens adorent ceux qui savent écouter. Ils ressentent votre intérêt et apprécient que vous les écoutiez attentivement. Et puisque votre attention était entièrement consacrée à votre partenaire durant cet exercice, vous avez évité l'une des erreurs les plus communes dans l'art de la conversation : ne pas écouter l'autre parce que vous êtes trop occupé à réfléchir à ce que vous allez dire ensuite. Les gens perçoivent votre désir sincère d'écouter ce qu'ils ont à dire.

#3. Facile à mettre en pratique.

Puisque cet exercice simple est facile à mettre en pratique, nous ne seront plus effrayés de parler aux étrangers. C'est maintenant facile de vivre des conversations sans stress partout où nous allons.

Essayez cela. Disons que vous vous fixez un objectif de parler à une nouvelle personne chaque jour. Pas d'agenda caché. Pas de vente à pression. Juste parler à une nouvelle personne chaque jour et, pour le plaisir, voir si vous arrivez à cerner la couleur de sa personnalité. Cet exercice ne prendrait qu'une ou deux minute de votre temps chaque jour.

Maintenant, que se passerait-il si vous le faisiez ?

Premièrement, votre niveau de compétence pour reconnaitre les personnalités grimperait en flèche. Vous y trouveriez à la fois plaisir et divertissement.

Deuxièmement, vous auriez 365 nouveaux contacts qui vous considèrent à l'écoute. Quelle façon extraordinaire de gonfler à bloc votre liste de prospects dans le marché chaud.

Troisièmement, c'est très excitant. Puisque vous avez été à l'écoute et que vous avez été sincère dans cette écoute… 20, 30 ou même 40 de ces « nouveaux amis » pourraient bien vous demander ce que vous faites dans la vie, ou du moins, tenter d'en savoir un peu plus sur vous. Et vous pourriez facilement y trouver cinq ou dix personnes prêtes à acheter votre produit ou joindre votre entreprise, simplement parce qu'ils vous aiment bien !

C'est ce que j'appelle parrainer sans rejet.

MAINTENANT LE MONDE
A PLUS DE SENS.

Une fois que nous connaissons les quatre couleurs de personnalités, nous pouvons comprendre pourquoi certaines personnes agissent d'une façon qui nous semble étrange. Voici quelques exemples éloquents.

Les bleus ne devraient rien expliquer.

Je fus initié aux quatre couleurs de personnalités par mon ami, Jerry « Le Rhinocéros » Clark. Jerry, vous l'aurez deviné par son surnom, est rouge. Mais il possède aussi beaucoup de bleu dans sa personnalité. Et les bleus ne devraient jamais être en charge d'expliquer quoi que ce soit !

Jerry me fit parvenir son album audio sur les couleurs de personnalités. Il avait enregistré des fichiers audio décrivant chacune des quatre couleurs… mais il y avait six fichiers. Six ? ? ! !

En fait, il avait fallu à Jerry deux fichiers audio pour faire son entrée en matière et s'attaquer au cœur de sa théorie. C'est la façon bleue de décrire les choses. De plus, lorsque Jerry cessait de tourner autour du pot et décrivait enfin les quatre couleurs de personnalités, je n'ai presque rien compris. J'étais embrouillé par ses explications où les couleurs fusionnaient dans des quadrants et blablabla… Je n'arrivais pas à saisir l'utilité et les applications de cette théorie.

Pourquoi étais-je confus ? Parce que je suis une personnalité verte. Nous recherchons des faits, des étapes, des explications détaillées et un manuel d'utilisation complet pour appliquer les théories dans le monde réel.

J'allais jeter l'éponge lorsque j'ai pensé à transmettre les fichiers à mon bon ami Michael Dlouhy, lui aussi de couleur bleue. Il a « tout pigé » dès la première écoute !

Michael a mis la théorie et l'information en pratique et a obtenu des résultats spectaculaires… ce qui m'a intrigué au plus haut point.

Il semble que les personnalités bleues communiquent parfaitement entre eux. Ceci dit, pour le cerveau d'un vert, une conversation entre deux bleus est un charabia complètement décousu.

C'est après avoir constaté les résultats de Michael, qui avait bien saisi les quatre couleurs de personnalités, que j'ai décidé de répandre cette théorie mais, d'une façon logique et structurée bref, à la façon des verts.

Les verts excellent dans l'art de décortiquer des idées complexes et les vulgariser pour que la majorité puisse comprendre.

Les bleus devraient plutôt se concentrer à **faire** les choses. Les bleus ont été conçus pour l'action.

Et les verts devraient expliquer les choses. Ils ont amplement le temps de le faire puisqu'ils ont beaucoup de planification à mettre sur papier avant d'engager un premier pas.

Nous sommes nés avec une couleur de personnalité.

Réfléchissez un peu. Un couple a quatre enfants. Dès son jeune âge, l'aînée, une fille, s'est peut-être donné la responsabilité de ses frères et sœurs plus jeunes. Sa personnalité jaune et son besoin de prendre soin des autres se sont développés naturellement.

L'un de ses frères est plutôt indiscipliné et dispose d'une capacité de concentration très courte. Son énergie débordante, son besoin de bouger et d'interagir constamment indiquent que ses parents vivront des années de frustration s'ils ne réalisent pas que sa personnalité est bleue. Il danse durant ses cours à l'école, est toujours en mode exploration, et prendre place à la table pour souper sans chanter est inconcevable pour lui.

L'autre frère est tout à l'opposé. Sa personnalité verte lui permet de focaliser pour lire des livres, organiser sa chambre et se structurer pour avoir une vie prévisible et bien rangée.

Finalement, la plus jeune sœur grimpe sur sa chaise à la maternelle et donne des ordres aux autres enfants. Sa personnalité rouge la pousse à confronter systématiquement les demandes de ses parents. Elle souhaite tout faire par elle-même et tout ce qu'elle fait se transforme en compétition.

Épousez quelqu'un d'une autre couleur de personnalité.

Pourquoi ?

Parce que les compétences et les talents d'une couleur peuvent compenser les faiblesses d'une autre couleur.

Prenons par exemple une personnalité verte épousant une bleue.

Le (la) vert pourrait faire les comptes, s'assurer que les choses soient faites dans les délais et planifier la semaine. Et le vert pourrait se divertir simplement en observant son (sa) partenaire bleu(e) s'amuser.

Le (la) bleu pourrait se charger de tout le volet social, divertir leurs amis et mettre un peu de piquant dans leur vie de couple.

À quoi ressemblerait une relation rouge – jaune ?

Le (la) jaune pourrait supporter la rudesse du rouge en sachant que sa façon de s'exprimer n'est pas pure méchanceté mais plutôt un style franc et direct.

Le (la) rouge pourrait se charger de contester la facture du restaurant, quelque chose qu'un(e) ne ferait jamais.

Imaginons l'union de deux personnes de même couleur...

Et bien, si deux jaunes se mariaient, ils deviendraient missionnaires dans une contrée lointaine, et nous ne les reverrions plus jamais.

Si deux bleus se mariaient, vous auriez droit à un feu roulant de festivités 24 heures sur 24 et aux voisins les plus bruyants du quartier.

Si deux rouges unissaient leurs vies, ce serait… la guerre ! Mais qui sait, ils pourraient bien former une alliance et conquérir le monde.

Si deux verts fusionnaient, et bien, à quoi bon ? Pour deux verts, il serait plus « responsable » socialement de produire leurs rapports d'impôt en tant qu'individus.

POURQUOI LES PROSPECTS DISENT « NON » À DES OFFRES EXTRAORDINAIRES.

Au tout début de ce livre j'écrivais :

◇◇◇◇◇

Une de ces situations s'est-elle déjà présentée en vous adressant à un prospect ?

1. Le prospect avait désespérément besoin de votre produit. (Et vous lui présentiez par hasard votre produit idéal au parfait moment.)

2. Le prospect avait désespérément besoin de votre opportunité d'affaire. (Et vous lui présentiez par hasard votre opportunité idéale au parfait moment.)

Puis, à la fin de votre présentation, votre prospect dit : « Non ».

Que s'est-il passé ? Qu'est-ce qui a foiré ?

Ça ne vous semble pas étrange ?

◇◇◇◇◇

Et bien, ça ne vous semble probablement pas si étrange maintenant.

En fait, c'est une évidence. Nous nous sommes adressés à notre prospect dans la mauvaise couleur de langage et, notre prospect n'a rien saisi. Voici quelques exemples de ce à quoi ressemblent ces erreurs de langage dans nos présentations.

Vert vs Bleu.

Imaginez un vert offrant une présentation à un bleu. Alors que le vert passe lentement en revue l'histoire de la compagnie, suivi par la lecture des politiques et procédures, les références scientifiques et reconnaissances, pour terminer enfin par les détails du plan de rémunération... que fait le bleu ?

Le bleu a déjà terminé un paquet de six bières et songe sérieusement à se jeter du haut d'une falaise pour mettre fin à cette séance de torture infligée par ce vert obsédé par l'information.

Même si la compagnie était extraordinaire, la communication décrivant « l'extraordinairité » de la compagnie a été interrompue après seulement 30 secondes de faits abrutissants de notre bonhomme vert. Le bleu ne joindra jamais les rangs. Et la décision du bleu de ne pas se joindre à l'équipe n'a rien à voir avec la qualité de la compagnie.

Bleu vs Vert.

Le bleu présente au vert...

« Laisse-moi te parler de la compagnie. J'ai assisté à ma première présentation juste avant le gros match entre les Rangers et les Rovers. Tu aurais dû voir ce match. Et les hot dog, ils étaient fantastiques ! Je ne sais pas ce qu'ils mettent dans ces hot dog, mais ce sont les meilleurs hot dog que j'ai mangés à vie, sauf la fois où j'ai pris un vol pour l'Allemagne afin de vivre Oktoberfest. Tu ne peux pas imaginer à quel point ce vol m'a semblé interminable. Je pense que j'ai bu cinq ou six de ces délicieux drinks dans lesquels ils mettent de petits parapluies. Ils me rappellent en quelque sorte la mère de ma deuxième cousine qui m'enseignait en quatrième année. Elle nous menaçait constamment avec son parapluie anglais. Nous étions vraiment effrayés, ces parapluies anglais sont de qualité supérieure et tu sais qu'ils pourraient être mortels. Et, puisqu'on y est, tu as vu le film L'arme fatale avec Mel Gibson ? Wow. Il était complètement disjoncté… »

Est-ce que le vert joindra l'équipe du bleu ? Bien sur que non. Même si la compagnie rencontrait parfaitement tous les critères du vert, celui-ci avait besoin de toutes les informations pour prendre une décision. Et dans une présentation de bleu, aucune information n'est transmise.

Jaune vs Rouge.

Imaginez qu'un jaune lance une invitation personnalisée et respectueuse à une personnalité rouge pour qu'il prenne part à une rencontre d'affaire.

« Oh… tu viendrais s'il-te-plaît à notre rencontre ? En fait, il ne s'agit pas vraiment d'une rencontre formelle puisque nous nous asseyons tous en demi-cercle, afin de tous se sentir égaux. Et tout de suite après la chanson de la compagnie, nous passons à la cérémonie de la remise du biscuit, puis nous faisons un gigantesque câlin de groupe… »

Arrrghhhh ! Que pense la personnalité rouge de cette invitation ?

Ces jaunes dépensent inutilement notre précieux oxygène terrestre ! Ils devraient compenser en créant plus d'oxygène avec leurs potagers biologiques. Ils devraient faire leur part, comme nous les gens d'affaire, et cessez d'être des parasites de la société. »

En aucun cas le rouge ne deviendra client ou distributeur avec ce type d'approche. Il ne se pointera jamais à la rencontre de toute façon. C'est probablement ce qui explique que les jaunes recrutent très rarement des personnalités rouges.

Rouge vs Jaune.

Ouch, ça pourrait déraper. Voici la version courte. Le rouge s'adresse au jaune :

« Donne-moi tout ton argent, je te dirai de quoi il s'agit ensuite ! »

Le jaune ne souhaite pas que le rouge se sente triste ou rejeté, alors il lui donne sa carte de crédit, sa maison et, a peur de répondre au téléphone durant des mois, craignant que ce soit son recruteur (rouge).

C'est donc pourquoi les gens n'adhèrent pas.

On n'a donc pas besoin de meilleures présentations PowerPoint, ni de vidéos ou brochures plus percutantes. Ça n'est pas ce qui cloche.

Le problème, c'est nous.

Si nous n'arrivons pas à transmettre notre message dans le langage de la couleur de personnalité de notre prospect, alors nous sommes fichus.

TROIS QUESTIONS MAGIQUES.

Certains prospects sont prévisibles. La couleur de leur personnalité est si intense qu'ils sont presque phosphorescents.

Avec d'autres prospects par contre, le diagnostic est moins évident. S'ils sont plutôt réservés, sont-ils jaunes ou verts ? S'ils semblent orientés vers les résultats et l'objectif final, sont-ils rouges ou verts ?

J'utilise souvent trois questions magiques afin de m'aider à cerner plus rapidement la couleur de personnalité d'un prospect.

#1. Dans quel domaine travaillez-vous ?

Supposons que votre prospect répond : « Je suis travailleur social auprès des enfants et j'aide ceux en difficulté à trouver de meilleurs foyers. » Voilà un indice assez net que votre prospect est de couleur jaune, du moins en se basant sur sa profession.

Ou bien si votre prospect répondait : « Je suis analyste en informatique et je me spécialise dans l'intégration du langage machine à l'intérieur du langage de programmation moderne. » Hmmm. Les chances que votre prospect soit de couleur verte sont extrêmement élevées considérant sa profession.

Mais considérez la réponse à cette première question comme une ligne directrice seulement, un indice à valider. Pourquoi ?

Parce que votre prospect peut occuper un poste ou une profession qui n'est pas en harmonie avec sa véritable couleur de personnalité.

Par exemple, Marie a une personnalité jaune et elle obtient un emploi de conseillère aux admissions dans un collège. Elle adore son emploi qui consiste à aider les étudiants à choisir les bons cours et trouver une orientation de carrière. Elle est excellente à ce poste, ce qui lui vaut rapidement une promotion au niveau superviseure pour tous les conseillers. Elle passe maintenant ses journées à scruter des rapports, gérer des papiers et, elle doit parfois congédier des gens. Elle déteste son nouveau job.

Cela se produit fréquemment quand les gens choisissent un emploi situé à proximité de leur lieu de résidence au détriment d'une profession stimulante en harmonie avec la couleur de leur personnalité.

Voici un autre scénario fréquent. Un enfant est doté d'une personnalité bleue mais se retrouve contraint à devenir comptable comme ses deux parents. Chaque jour devient une véritable torture.

Alors découvrir quelle profession exercent les gens n'est pas infaillible mais peut s'avérer un indice valable pour diriger nos prochaines questions.

#2. Que faites-vous dans vos temps libres ?

J'adore cette question, et elle est beaucoup plus révélatrice. Pourquoi ? Parce que les gens peuvent choisir de faire ce qu'ils aiment vraiment dans leurs temps libres. Vous voulez quelques exemples des réponses que vous pourriez obtenir à cette question ?

« J'adore chanter au karaoké, danser et jouer la comédie. J'aime performer et être entouré de gens. J'imagine que je suis fait pour socialiser. » De toute évidence une personnalité bleue.

« J'affectionne les soirées tranquilles à la maison entouré de mes livres favoris, à naviguer sur le web et faire des mots croisés. » Ok, un peu caricaturé mais sans résolument de couleur verte.

« Du temps libre ! Je n'ai pas de temps libre. Je suis occupé à faire avancer ma carrière et à conquérir le monde. Je vous ai dit tout ce que j'ai déjà accompli depuis lundi ? Et tout ça à partir de ma luxueuse maison neuve avec 7 chambres à coucher, le meilleur système de cinéma maison sur le marché, les pierres de maçonnerie les plus raffinées… Et je vous ai parlé de ma collection d'œuvres d'art ? J'ai sélectionné les peintures moi-même et j'ai fait un tabac aux enchères pour tout ramener chez moi dans ma nouvelle voiture de luxe… » Oui, nous parlons bien avec une personnalité rouge, qui a probablement bu trop de café.

« J'aide un groupe de bénévoles local à récolter des fonds pour aider les jeunes chiots orphelins à retrouver leur parents disparus. Tu sais, nous tricotons pour ces pauvres petits chiots des chandails de laine avec leurs propres monogrammes. » Si vous n'avez pas deviné que cette personne est de couleur jaune, c'est que vous êtes bleu et que vous avez sauté plusieurs pages de ce livre. :)

Je pose souvent cette question aux prospects : « Que faites-vous dans vos temps libres ? »

Je trouve leurs réponses intéressantes. Les prospects se détendent car ils sentent que je m'intéresse vraiment à eux et, ça me permet de mieux comprendre mes prospects en découvrant leur couleur de personnalité secrète.

#3. Qu'est-ce que vous aimez le plus dans votre emploi ou hobby ?

Cette dernière question met en lumière les sentiments des gens. Et leurs sentiments font ressortir la couleur de leur personnalité plus précisément. Laissez-moi vous donner un exemple.

Je suis dans la file d'attente pour obtenir mon permis de conduire. Après une courte conversation avec l'homme devant moi, il m'apprend que son hobby est de concocter des mets délicieux et aromatisés irrésistibles pour les animaux. Alors je me dis : « Wow. C'est impressionnant. Il doit être résolument jaune pour se donner tant de mal dans le simple but de procurer un peu de bonheur à des animaux. »

Je lui demande : « Alors, qu'est-ce que vous aimez le plus dans le fait de développer des mets raffinés pour les animaux ? »

Il répond : « C'est surprenant de voir à quel point ces créatures tombent sous le charme de mes mets préparés... ça me permet de les exterminer avec ma nouvelle carabine ultra puissante et puis, de les ajouter aux trophées de chasse dans ma tanière. »

Oups ! Mon prospect n'est peut-être pas si jaune après tout. En posant cette troisième question, « Qu'est-ce que vous aimez le plus dans votre hobby ? »–Je découvre les sentiments profonds de mon prospect, et par conséquent la véritable couleur de sa personnalité.

Alors en posant des questions plus profondes, vous vous rapprochez de la véritable couleur de personnalité de vos prospects.

Voyons si vous pouvez cerner les couleurs de personnalités à partir des réponses à différentes questions :

- « J'adore mon emploi parce que je rencontre un tas de nouvelles personnes chaque jour. »

- « Je sens que je contribue grandement lorsque j'aide les gens à trouver l'emploi de leurs rêves. »

- « J'adore jouer à ce jeu vidéo parce qu'il me permet de me mesurer à des joueurs de partout dans le monde et parce qu'ils affichent les pointages. »

- « Je peux travailler par moi-même, sans supervision ni distractions. Tout ce que je dois faire c'est de produire un petit rapport à la fin de la semaine détaillant les informations pertinentes. »

LE LANGAGE DES COULEURS.

Les gens me demandent souvent : « Mais comment puis-je déterminer la couleur de personnalité de mon prospect au téléphone ? »

La réponse est simple. Vous n'avez qu'à écouter.

Portez attention aux mots que votre prospect utilise pour décrire ce qu'il désire et sa vision du monde.

Encore plus de langage jaune.

Considérons d'abord les mots que votre prospect jaune pourrait utiliser en conversant avec vous au téléphone :

Prendre soin	Ennuyer
Ressentir	Responsable
Aider	Sécuritaire
Assister	Percevoir
Se soucier	Impression
Protéger	Endurer
Anxiété	Souffrir
Se préoccuper	Aimer
Stress	Sentiment
Épreuves	Considérer
Supporter	Secourir
Considération	Bénéficier
Soucis	Servir
Politesse	Soulager
Perturbant	Guérir

Sauver

Améliorer

Calmer

Accommoder

Encourager

Un peu de langage bleu.

Si vous avez une discussion téléphonique avec une personnalité bleue (je sais, vous ne pouvez qu'écouter car le bleu ne fait que parler), vous entendrez des mots tels que :

Excitant

Amusant

Nouveau

Voyager

Aventure

Fantastique

Actif

Dynamique

Vivant

Passionné

Occupé

Distrayant

Palpitant

Merveilleux

Extraordinaire

Hallucinant

Dramatique

Buzz

Tout dernier

Différent

Voyage

Vagabonder

Promenade

Risque

Dangereux

Expérience

Casse-cou

Visite guidée

Explorer

Un peu de langage rouge.

Si vous conversez par téléphone avec un rouge, voici des mots qui seront vraisemblablement au rendez-vous :

Puissance

Contrôle

Compétition

Argent

Perdants	Accomplir
Gagnants	Exécuter
Autorité	Gagner
Dominer	Pointage
Volonté	Succès
Force	Travail
Faible	Résultats
Levier	Échouer
Balaise	Richesse
Solide	Cash
Sans défense	Profit
Inutile	Lucratif
Commander	Financier
Gérer	Champion
Buts	Conquérir

Un peu de langage vert.

Si vous tentez une conversation téléphonique avec un vert, vous aurez de la difficulté puisque les verts écoutent très attentivement chaque mot que vous dites pour en vérifier la justesse. Il est difficile d'amener une personnalité verte à s'ouvrir et à communiquer... mais lorsqu'un vert parle, vous entendrez des mots tels que ceux-ci :

Faits	Assurance
Données	Implication
Diagrammes	Vérité
Information	Certitude
Sécurité	Logique
Recherches	Compter sur
Preuves	Statistiques
Garantie	Jugement

Protection	Expérimentation
Sécuritaire	Analyser
Indice	Examiner
Confirmer	Sondage
Penser	Investiguer
Sens commun	Réfléchir
Tester	

Et même par écrit.

Et oui, même dans leurs formes d'écritures, les gens vous donneront des indices sur la couleur de leur personnalité. Vous n'avez qu'à lire un long courriel rédigé par un jaune et les mots typiques de la personnalité jaune vous sauteront aux yeux.

Ou encore, lire le court mémo d'une personnalité rouge en observant tous les mots manipulateurs et directifs qui s'y retrouvent.

Plus nous sommes compétents dans l'écoute et l'observation, plus il est facile de distinguer les couleurs de personnalités de nos prospects.

Ces mots peuvent aussi être vos mots.

Souvenez-vous, lorsque vous parlez à un prospect d'une couleur de personnalité différente de la vôtre, utilisez les mots de leur langage pour décrire votre offre.

Ne vendez pas votre salade dans votre propre langage.

Vous devez présenter vos offres dans le langage primaire de votre prospect.

Est-ce que vous devez mémoriser et connaître tous ces mots ? Bien sur que non. Ils deviendront simples et évidents pour vous avec un brin de pratique. Mais pour l'instant, souvenez-vous simplement de quelques mots-clés :

Jaunes : Aider.

Bleus : Plaisir, excitant, aventure

Rouges : Pouvoir, résultats, accomplir

Verts : Information.

C'est suffisant pour vous permettre de démarrer. C'est comme apprendre à conduire, les premières journées sont difficiles, mais au fil des jours tout devient plus facile et instinctif.

UN PEU PLUS SUR « COMMENT » MOTIVER LES QUATRE COULEURS DE PERSONNALITÉS.

En tant que leader en marketing relationnel, il faut savoir motiver son équipe. Cette aptitude à motiver les gens est un élément de mesure du leadership. (une notion un peu rouge n'est-ce pas ?)

Un seul type de motivation ne peut convenir à tout le monde. Par exemple, un leader rouge prend la parole pour motiver son équipe et leur lance un défi en disant :

« Je veux que tout le monde ici présent parle à 40 nouveaux prospects demain. Je me fou de ce que vous devrez faire pour y arriver. Les perdants préparent déjà des excuses. Les gagnants vont le faire… point final. »

Songez aux différentes façons de gérer ce type de motivation (ultimatum !) parmi les membres de l'équipe.

Les rouges dans la salle se disent : « Je vais parler à **50** nouveaux prospects demain. Je suis un **gagnant** ! Attention tout le monde, laissez-moi passer ! »

Si un bleu de l'équipe écoutait par hasard, il se dit : « Youpi ! Fantastique ! Parler à plus de gens… ce sera génial ! »

Les jaunes pensent tout bas : « Oh, je ne veux pas faire ça. Je veux développer une relation avec les gens. Je ne veux pas qu'ils se sentent comme un numéro. Je ne suis pas à l'aise avec ça du tout. »

Et les verts sont sous le choc : « C'est ridicule. Parler à 40 nouvelles personnes équivaut à lancer de la boue sur un mur et espérer qu'une partie restera collée. Il faut prendre le temps de renseigner ces prospects un par un sur les avantages d'être patron de leur propre entreprise. Et je ne suis pas très confortable avec l'idée d'accoster des étrangers sur le trottoir simplement pour atteindre un nombre aléatoire de prospects pour donner satisfaction à mon leader rouge. »

C'est la raison pour laquelle bon nombre de concours et campagnes de motivation échouent. Un format n'est pas universel. Et il est à prévoir que notre concours ou campagne de motivation ne convienne pas à tout le monde.

Alors regardons comment nous pourrions motiver les individus de chaque couleur de personnalité afin de mieux comprendre pourquoi tout le monde n'est pas nécessairement motivé par les mêmes ingrédients que nous.

Motiver les jaunes.

Est-ce que l'argent motive les jaunes ? Pas vraiment.

Et puis voyager ? Bien, les jaunes se disent : « Oh, qui prendrait soin de mon chat Peluche durant mon absence ? Et qui parlerait à mes plantes ? Et qu'est-ce qu'elles en penseraient ? »

Quitter la maison n'est pas une source de motivation pour les personnalités jaunes. Alors retournons au mot clé : « Aider. »

Les jaunes arrivent à sortir de leur zone de confort pour aider les autres. Alors tout ce que vous avez à dire est : « Tous les profits générés par nos ventes au détail durant le mois en cours seront remis aux petits chatons orphelins. » Voilà ! Vous avez transformé votre jaune en machine de vente au détail. C'est facile pour eux de parler aux étrangers pour contribuer à une bonne cause.

Ou encore, un leader de la lignée de parrainage pourrait dire : « Il ne me manque que quelques milliers de dollars supplémentaires en volume pour attendre le statut de Directeur Présidentiel. » Les jaunes sont les premiers à mettre les bouchées doubles afin d'aider quelqu'un d'autre à atteindre son objectif.

Les personnalités jaunes surmontent leurs peurs lorsque la mission n'est pas axée sur eux. Leur mission est d'aider les autres.

Les jaunes affectionnent aussi le concept de communauté. Ils adorent « faire partie de » et « contribuer à ». Les pique-niques et autres événements sociaux permettent de créer des liens.

L'un des événements pour consolider l'esprit d'équipe que j'ai utilisé est la tenue d'un repas communautaire où chacun apporte quelque chose à manger. Mon groupe se donnait rendez-vous dans une salle communautaire et tous les distributeurs apportaient un plat qu'ils avaient cuisiné ou préparé. Tous partageaient et goûtaient aux plats des autres. Une soirée économique et agréable entre amis aux intérêts communs.

Les jaunes étaient fous de cet événement. Ils apportaient de la nourriture supplémentaire. Ils amenaient leurs amis. Et leurs amis quittaient la soirée avec des échantillons de produits, et même une cassette audio traitant de l'opportunité d'affaire.

C'était facile pour eux d'inviter leurs amis. Cette formule n'avait rien de formelle comme un meeting d'opportunité d'affaire. Tout simplement un événement social, des gens amicaux qui échangent sur leurs expériences avec les produits et comment leur revenu supplémentaire améliore leurs vies. Et bien sûr, pour parler chiens et chats.

Organiser un repas communautaire tous les 60 à 90 jours vous assure que les jaunes resteront motivés.

Et à propos, comment croyez-vous que les bleus perçoivent ces repas communautaires ? « Youpi ! Encore plus de gens à qui parler ! »

Et que ressentent les rouges face à ce type d'événement ? (En supposant que les rouges ont des sentiments… Ha ha. Assez blagué au sujet des rouges.)

Et bien, les rouges détestent ces événements. Voici leur réflexion : « Mais personne ne peut voir le plan de rémunération ! Ça devrait plutôt être un meeting officiel où je parle, et où tous les autres écoutent. Ce « blabla social » est totalement inefficace. »

Et vous avez une idée à quel point les verts appréciaient ces repas communautaires ? Ha ah ! Une autre question piège.

Les verts ne s'y sont jamais pointés puisqu'ils risquaient d'y rencontrer des gens.

Motiver les bleus.

Facile. Lorsque la compagnie lance une promotion impliquant un voyage, les bleus parlent déjà à tous ceux qu'ils connaissent à la vitesse de la lumière. Ils sont frénétiques à l'idée de découvrir de nouvelles contrées et vivre de nouvelles expériences.

Rien à voir avec la reconnaissance, et pas vraiment pour l'argent non plus, c'est plutôt pour le plaisir et la stimulation.

À un bleu, vous n'avez qu'à dire : « Nous avons une petite fiesta après la présentation d'affaire réservée aux distributeurs qui amènent un invité. »

C'est réglé.

Soyez assuré que la personnalité bleue aura un invité afin de s'assurer une place à la fiesta.

Ils diront même aux étrangers : « Tu dois joindre maintenant, et tu dois amener un invité aussi. On pourra tous les deux faire la fête après le meeting. »

Et si la promotion inclus un voyage vers une destination exotique, Oh mon Dieu ! Les bleus sont les premiers à se ruer vers la sortie dès son annonce. Ils sont frénétiques et contacteront absolument tout ce qui respire. Voici leur approche : « Tu dois adhérer maintenant ! On pourra se qualifier tous les deux. On va s'envoler sur un 747 nolisé, il y aura le karaoké en continu, des barils de bière bien froide dans les allées… dès notre arrivée, il y aura un marathon de visites touristiques toute la journée, puis le party toute la nuit et des tonnes de nouvelles personnes à rencontrer. Nous allons nous taper 72 heures sans dormir et on partagera la chambre… » Naturellement, le bleu n'a fait aucune mention de la compagnie ni des produits… des informations superflues pour un bleu, surtout lorsqu'un voyage exotique se dessine à l'horizon.

Motiver les rouges.

Voilà qui est plutôt simple. Les rouges sont déjà auto-motivés. Ils carburent à l'accomplissement et aux résultats. Ils sont très compétitifs ; gagner c'est vivre.

Vous pouvez motiver les rouges simplement en faisant un palmarès des distributeurs les plus productifs dans votre bulletin d'information ou votre page web. Ils en seront obsédés et lutteront sans relâche pour atteindre la première place.

Plus il y a de niveaux différents dans votre système de rémunération, plus ils ont de chances d'atteindre un niveau élevé.

Mettre en jeu un trophée ? Bien sur. Les rouges ont un espace permanent pour les trophées sur leur tête de foyer. Et ce qu'il y a de bien, c'est que tous les rouges de votre équipe désirent installer le trophée chez eux. Les rouges jouent donc du coude entre eux pour accroître la production et augmenter les résultats.

Si un voyage ou des vacances de rêve sont en jeu, les rouges ne sont pas vraiment tentés parce qu'ils préfèrent investir ce temps dans leur entreprise. Par contre, les rouges détesteraient ne pas être qualifiés, alors règle générale, ils seront performant peu importe l'incitatif (la promotion).

Et n'oubliez surtout pas les reconnaissances. Lorsque votre compagnie présente en page couverture de sa revue mensuelle la photo d'un distributeur, sa femme, ses deux enfants et le chien devant une maison cossue avec en arrière plan une voiture de luxe… vous avez deviné ; cette photo est destinée à motiver les rouges qui croiseront la revue.

Tous les rouges dont le regard croise cette photo pensent à la même chose… « Je me demande combien d'argent ils font ? Je parie que je peux faire mieux. Et que je peux le faire plus rapidement. Je vais établir un nouveau record en obtenant la voiture de luxe le plus rapidement. »

Ce type de photos qui nourrissent l'orgueil est dédié aux rouges. Pourquoi ? Songez à la perception des autres couleurs de personnalités face à cette même photo.

Les jaunes… « Oh, regarde comment elle s'est coiffée. Et on dirait que leur chien se sent seul. Ils devraient lui acheter un gentil chat pour qu'il ait un ami. »

Les bleus… « Ils sont à la maison ! Que c'est ennuyant ! Ils devraient se payer un voyage et aller s'amuser. »

Et les verts… « Cette voiture de luxe est vraiment énergivore. Ma mini-fourgonnette offre une bien meilleure consommation d'essence sur les longs trajets et beaucoup de plus de rangement. »

Les rouges n'aiment pas ça.

Connaissez-vous une personnalité rouge ? Aimeriez-vous connaître une astuce pour les mettre littéralement à vos genoux ? Facile. Vous n'avez qu'à suivre cette formule toute simple qui m'a été donnée par Jerry « D'Rhino » Clark.

Étape 1 : Faites au rouge un **compliment**. Bien entendu, le rouge sait qu'il mérite ce compliment.

Étape 2 : Faites au rouge un autre **compliment**. Maintenant, le rouge sait que vous êtes conscient de sa magnificence.

Étape 3 : Donnez au rouge un **défi**… et dites-lui que c'est quelque chose que vous le croyez incapable d'accomplir.

Terminé.

Le rouge ne peut pas résister aux défis. La personnalité rouge sait pertinemment ce que vous êtes en train de lui faire, mais il est sans défense. Son feu intérieur de rouge ne lui permet en aucun cas d'échouer, peu importe le défi.

Vous voulez un exemple ?

« Tu es le meilleur présentateur de mon équipe. » (compliment)

« Et tu connais plus de gens dans la région métropolitaine que quiconque. » (autre compliment)

« **Mais** Alice a recruté cinq nouveaux distributeurs la semaine dernière, et je suis persuadé que tu ne pourras jamais battre ce record » (défi)

Vous pouvez déjà entendre le rouge grincer des dents et voir le sang qui lui monte à la tête avec dans ses yeux : « Alice va tomber. Je vais l'enterrer vivante. Je vais recruter six, sept ou même dix personnes pour pulvériser ce minuscule record. »

Que diriez-vous d'un autre exemple (qu'est-ce qu'on s'amuse !) ?

« Tu es celui qui travaille le plus fort dans mon équipe. » (compliment)

« Et personne n'est aussi discipliné que toi. » (autre compliment)

« **Cependant,** Alice a distribué 300 catalogues la semaine dernière pour recruter de nouveaux clients, et je suis persuadé que tu ne pourrais pas en faire autant. » (défi)

Durant la prochaine semaine, soyez assuré que la personnalité rouge aura distribué plus de 300 catalogues... dès les trois premiers jours !

Et oui, les rouges savent que vous êtes en train de les manipuler. Ils sont complètement impuissants face à cette technique et, ils ne peuvent répondre autrement qu'en acceptant le défi. C'est d'ailleurs un jeu très amusant pour les verts : ils mettent au défi les rouges sans intermission et observent leurs réponses aux stimuli. :)

Motiver les verts.

Vous vous grattez probablement la tête en vous demandant : « Oh la vache, comment pourrais-je motiver un vert ? Je n'ai absolument aucune idée valable. »

Et vous avez raison.

Vous ne pouvez pas motiver les verts. Ils se motivent et prennent action par eux-mêmes dès qu'ils ont accumulé toute l'information, assimilé toute l'information, retranscrit toute l'information… et seulement à ce moment, peut-être, ils effectueront un premier tout petit pas pour se mettre en mouvement.

Ok, je vous l'accorde, c'était encore une fois légèrement exagéré… mais les caricatures permettent de mémoriser plus facilement. N'investissez pas trop de temps à tenter de motiver un vert. Investissez plutôt ce temps de motivation avec les autres couleurs de personnalités. Les verts sont auto-motivés, mais seulement à leur rythme.

Souvenez-vous encore une fois qu'il n'y a pas de formule passe-partout. Différents concours et promotions feront jaillir le meilleur de chacune des couleurs de personnalités. Vous comprenez maintenant pourquoi certaines personnes sont enthousiastes et d'autres non lorsqu'une nouvelle promotion est lancée.

RÉSUMÉ.

Toutes les couleurs de personnalités sont bonnes, valables, utiles. Et toutes les couleurs de personnalités constituent d'excellents leaders.

Votre couleur de personnalité importe peu. La plupart d'entre nous sommes nés avec ces traits de personnalité qui nous caractérisent, et il est inutile d'essayer de les changer.

Alors… qu'est-ce qui compte ?

Notre objectif, en tant que communicateurs, est de transférer le message à l'intérieur de notre cerveau le plus efficacement possible à l'intérieur du cerveau des autres. Et pour ce faire, nous devons nous exprimer dans un langage que les autres comprennent.

Lorsque nous observons et nous reconnaissons les différentes couleurs de personnalités, nous pouvons choisir des mots et des phrases plus appropriés pour permettre une communication plus précise et efficace.

Est-ce que tous ceux à qui l'on parle possèdent des traits flagrants ? Non. Mais plusieurs oui, et la communication sera beaucoup plus facile avec eux.

Alors amusez-vous à observer les gens ! Et soyez prêts à vivre des expériences de communication plus agréables.

MERCI.

Merci d'avoir acheté et d'avoir lu ce livre traitant de quelques unes des techniques de motivation utilisées en marketing relationnel. J'espère que vous y avez trouvé quelques idées qui fonctionneront aussi pour vous.

Avant de vous laissez, accepteriez-vous de me faire une petite faveur ? Pourriez-vous prendre une toute petite minute pour rédiger une phrase ou deux afin d'évaluer ce livre en ligne ? Votre évaluation aidera d'autres entrepreneurs à choisir leur prochaine lecture. Ces commentaires sont grandement appréciés des autres lecteurs.

BIG AL WORKSHOPS

Ce livre est dédié aux gens de marketing
de réseau de partout.

Je voyage de par le monde plus de 240 jours chaque année.
Laissez-moi savoir si vous souhaitez que tienne une
formation (Big Al Training) dans votre secteur.

→ **BigAlSeminars.com** ←

Tous les livres de
Tom « Big Al » Schreiter
sont disponibles à :

BigAlBooks.com/french

Tous les livres de Tom « Big Al » Schreiter sont disponibles à :

Les BRISE-GLACES !

Comment amener n'importe quel prospect à vous supplier de lui faire une présentation !

Comment établir instantanément Confiance, Crédibilité Influence et Connexion !

13 façons d'ouvrir les esprits en s'adressant directement au subconscient apidement !

PREMIÈRES PHRASES pour Marketing de réseau

Comment mettre les prospects dans votre poche rapidement !

BigAlBooks.com/french

À PROPOS DE L'AUTEUR.

Tom « Big Al » Schreiter possède plus de 40 ans d'expérience en marketing de réseau et marketing à paliers multiples. En tant qu'auteur des livres classiques de formation « Big Al » publiés à la fin des années '70, il a depuis offert des conférences et ateliers dans plus de 80 pays sur comment utiliser des mots et des phrases précises pour entrer dans la tête des prospects, ouvrir leur esprit et leur faire dire « OUI ».

Sa passion réside dans les idées marketing, les campagnes promotionnelles et les techniques pour s'adresser au subconscient de façon simple et efficace. Il est toujours à l'affut des phénomènes et campagnes marketing innovatrices qui fournissent bien souvent de nouvelles clés.

En tant qu'auteur de nombreuses formations audio, Tom est un orateur très prisé dans les conventions annuelles et les événements régionaux.